DENKEN UND RECHNEN

2

Erarbeitet von:
Gudrun Buschmeier
Henner Eidt
Julia Hacker
Claudia Lack
Roswitha Lammel
Maria Wichmann

Illustriert von:
Friederike Großekettler
Christine Kleicke
Martina Theisen

westermann

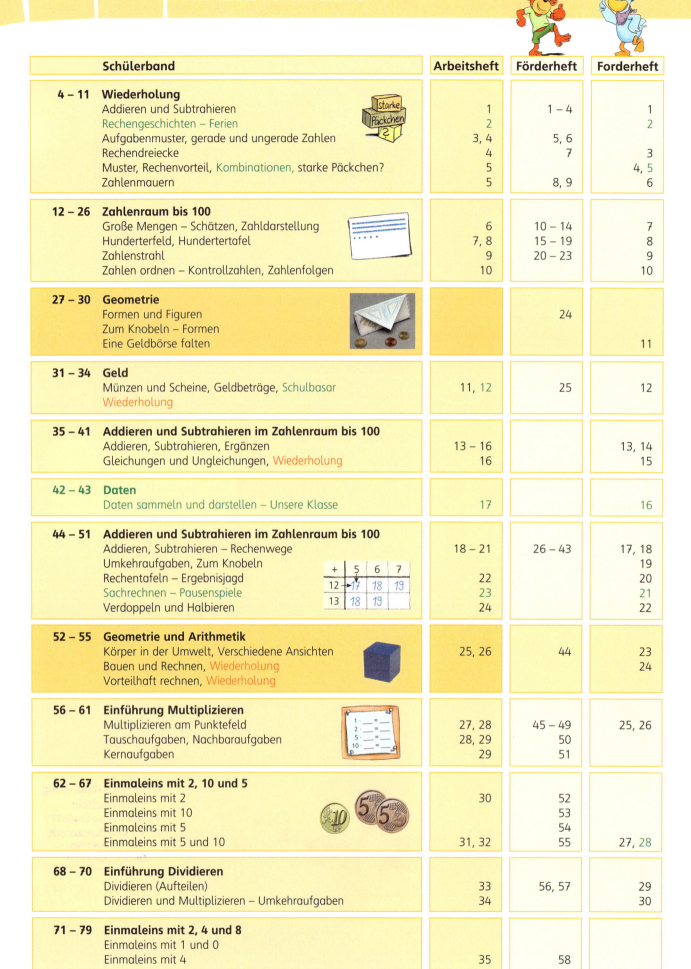

Der Stoffverteilungsplan im Lehrermaterial kennzeichnet die unverzichtbaren und die zusätzlichen Seiten.

Der Stoffverteilungsplan im Lehrermaterial kennzeichnet die unverzichtbaren und die zusätzlichen Seiten.

1

a)

6 + 4
6 + 3
6 + 2
6 + 1
6 + 0

b)

5 + 4
5 + 5
5 + 3
5 + 2
5 + 1

c)

8 + 2
8 + 1
8 + 3
8 + 4
8 + 5

d)

7 + 2
7 + 3
7 + 4
7 + 7
7 + 6

So schreibe ich in mein Heft.

2 Rechne im Heft.

a) 4 + 6
4 + 5
4 + 4
4 + 3

b) 9 + 1
9 + 2
9 + 3
9 + 4

c) 7 + 3
5 + 3
3 + 3
1 + 3

d) 6 + 5
7 + 5
8 + 5
9 + 5

e) 9 + 3
8 + 4
7 + 5
6 + 6

3 Rechne im Heft.

a)

8 – 3
8 – 2
8 – 4
8 – 1
8 – 5

b)

10 – 2
10 – 3
10 – 5
10 – 4
10 – 1

c)

12 – 2
12 – 3
12 – 1
12 – 0
12 – 4

d)

14 – 3
14 – 4

Rechne eigene Aufgaben.

4

a) 7 – 2
7 – 3
7 – 4
7 – 5

b) 11 – 0
11 – 1
11 – 2
11 – 3

c) 8 – 4
10 – 4
12 – 4
14 – 4

d) 16 – 5
15 – 5
14 – 5
13 – 5

e) 13 – 7
12 – 6
11 – 5
10 – 4

5 Würfele und schreibe die Aufgaben ins Heft.

3 + 2 + 5 =

Begründe.

a) Welches **größte** Ergebnis ist möglich?
b) Welches **kleinste** Ergebnis ist möglich?

AB

Welche Aufgabe passt zum Bild? Wählt aus. Rechnet im Heft.

1 a)

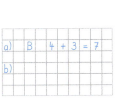

b)

A 4 – 3
B 4 + 3
C 3 + 5

A 5 – 2
B 7 + 2
C 7 – 5

2 a)

b)

c)

A 4 + 3
B 6 – 2
C 4 – 2

A 5 – 5
B 10 + 2
C 5 + 5

A 4 – 4
B 4 – 2
C 4 – 1

d)

e)

f)

A 7 – 4
B 11 – 3
C 7 + 4

A 9 – 3
B 6 + 2
C 6 – 3

A 8 – 3
B 8 + 3
C 8 + 4

3 Rechne im Heft.

a) 3 + 4   b) 4 + 5   c) 6 + 3   d) 13 + 2   e) 12 + 7
   3 + 5   4 + 6   6 + 5   13 + 6   14 + 3
   3 + 6   4 + 7   6 + 7   13 + 7   15 + 4
   3 + 7   4 + 8   6 + 9   13 + 5   16 + 2

1 und **2** Rechengeschichten erzählen. Passende Aufgabe im Heft notieren und ausrechnen.

1

2

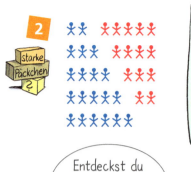

Entdeckst du ein **Muster**? Dann setze fort.

Erzählt.

3 a)

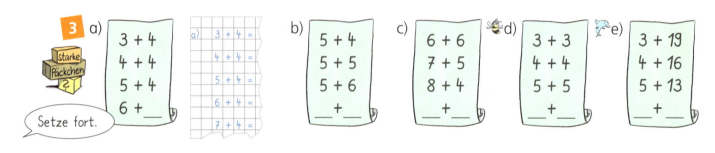

Setze fort.

a)
3 + 4 =		
4 + 4 =		
5 + 4 =		
6 + 4 =		
7 + 4 =		

3 + 4
4 + 4
5 + 4
6 + ___

b)
5 + 4
5 + 5
5 + 6
___ + ___

c)
6 + 6
7 + 5
8 + 4
___ + ___

🐝 d)
3 + 3
4 + 4
5 + 5
___ + ___

🐬 e)
3 + 19
4 + 16
5 + 13
___ + ___

4 a)

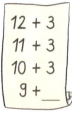
12 + 3
11 + 3
10 + 3
9 + ___

b)
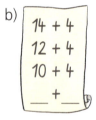
14 + 4
12 + 4
10 + 4
___ + ___

c)

16 + 3
13 + 4
10 + 5
___ + ___

🐝 d)
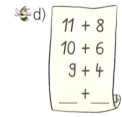
11 + 8
10 + 6
9 + 4
___ + ___

🐬 e)
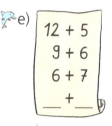
12 + 5
9 + 6
6 + 7
___ + ___

5

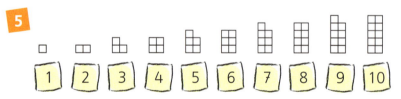

1 2 3 4 5 6 7 8 9 10

Setze fort.

a) Schreibe die **geraden** Zahlen auf.

b) Schreibe die **ungeraden** Zahlen auf.

6

Forschungs-auftrag

Sind die Ergebniszahlen **gerade** oder **ungerade**? Vermutet und begründet.

gerade	ungerade
2 +	3 =
+	

ungerade	ungerade
7 +	5 =

gerade	gerade
+	
+	=

7 + 5 = ___

1 bis **4** Zusammenhänge beschreiben. Diff.: Beliebig weit fortsetzen.

6 Addieren. Mehrere Beispielaufgaben bilden.

1

Erzählt.

2 Rechne. Setze fort.

a)
```
10 – 8
10 – 7
10 – 6
10 – __
```

b)
```
7 – 2
7 – 3
7 – 4
__ – __
```

c)
```
15 – 3
13 – 3
11 – 3
__ – __
```

d)
```
16 – 8
15 – 7
14 – 6
__ – __
```

3

a)
```
20 – 5
15 – 5
10 – 5
5 – __
```

b)
```
15 – 2
13 – 2
11 – 2
9 – __
```

c)
```
16 – 6
14 – 6
12 – 6
__ – __
```

d)
```
14 – 3
14 – 4
14 – 5
__ – __
```

e)
```
17 – 10
16 – 9
15 – 8
__ – __
```

4

a)	b)	c)	d)	e)
18 – 6	18 – 5	18 – 7	13 – 2	12 – 2
17 – 6	16 – 5	15 – 7	13 – 3	12 – 4
16 – 6	14 – 5	12 – 7	13 – 4	12 – 6
15 – 6	12 – 5	9 – 7	13 – 5	12 – 8

5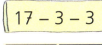

`17 – 3 – 3`

Wie rechnet ihr?

minus, minus

6

a)
```
15 – 2 – 2
15 – 3 – 2
15 – 4 – 2
15 – 5 – 2
```

b)
```
14 – 2 – 2
14 – 3 – 1
14 – 4 – 1
14 – 4 – 2
```

c)
```
16 – 3 – 3
16 – 2 – 3
16 – 5 – 2
16 – 6 – 6
```

d)
```
18 – 3 – 3
18 – 2 – 2
18 – 1 – 3
18 – 5 – 3
```

7 Was fällt euch auf?

a) 7 – 3 + 4
7 + 4 – 3

b) 12 + 3 – 2
12 – 2 + 3

c) 14 + 7 – 4
14 – 4 + 7

d) 13 – 6 + 7
13 + 7 – 6

e) Findet selbst solche Aufgaben, immer mit dem Ergebnis 10.

1 bis 3 Zusammenhänge beschreiben. Diff.: Beliebig weit fortsetzen.
5 und 6 Lösungsstrategien: Zweimal subtrahieren oder zunächst die Subtrahenden addieren. 7 Konstante Ergebnisse begründen.

1

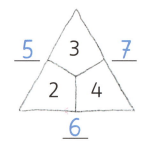

Wie ändern sich die Zahlen außen,

a) wenn jede Zahl innen um 1 größer wird?

b) wenn jede Zahl innen um 2 größer wird?

c) wenn jede Zahl innen doppelt so groß wird?

2 a) 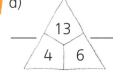　b)　c) 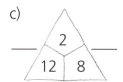　d)　e)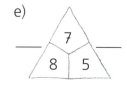

3 a) 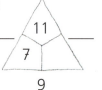　b)　c)　d)　e)

f) 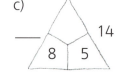　g) 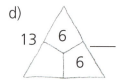　h) 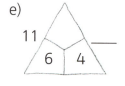　i)

4 a) 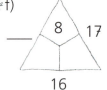　b) 　c) 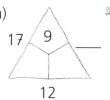　d) 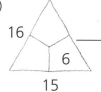　e)

zum Knobeln

5 Ergänze.

a) 11 + ___ = 13　b) 11 + ___ = 14　c) 6 + ___ = 8　d) 5 + ___ = 9　e) 13 + ___ = 20

9 + ___ = 13　　10 + ___ = 14　　6 + ___ = 10　　5 + ___ = 8　　16 + ___ = 16

7 + ___ = 13　　8 + ___ = 14　　6 + ___ = 12　　5 + ___ = 11　　14 + ___ = 17

5 + ___ = 13　　7 + ___ = 14　　6 + ___ = 13　　5 + ___ = 12　　18 + ___ = 20

4 + ___ = 13　　6 + ___ = 14　　6 + ___ = 15　　5 + ___ = 14　　12 + ___ = 19

6 Was fällt euch auf?

a) 9 + 5 – 5　　b) 8 – 4 + 4　　c) 12 – 7 + 7　　d) 13 + 6 – 6　　e) 15 – 8 + 8

f) Findet selbst solche Aufgaben.

1 bis 4 Kopiervorlage nutzen. 3 Innenzahlen ergänzend oder subtrahierend finden.
4 Probierend lösen. 6 Die Operationen heben sich auf.

1 Setze die Muster fort. Lege und rechne.

a)

1   1 + 2   1 + 2 + 3   _____   _____

b)

1   1 + 3   1 + 3 + 5   _____   _____

c)

1   2 + 2   3 + 3 + 3   _____   _____

2 Rechne geschickt.

9 + 1 = 10

a)	b)	c)	d)
1 + 9 + 7	8 + 9 + 1	5 + 3 + 5	1 + 9 + 6
2 + 8 + 2	6 + 2 + 8	6 + 9 + 4	8 + 7 + 2
3 + 7 + 4	9 + 3 + 7	7 + 8 + 3	9 + 5 + 5
4 + 6 + 5	7 + 6 + 4	8 + 6 + 2	3 + 6 + 7
5 + 5 + 6	4 + 1 + 9	9 + 7 + 1	4 + 9 + 6

3

a)	b)	c)	d)
4 + 6 + 8	8 + 4 + 6	2 + 7 + 8	4 + 6 + 8
5 + 5 + 3	9 + 3 + 7	3 + 5 + 7	5 + 7 + 3
6 + 4 + 7	5 + 6 + 4	4 + 9 + 6	5 + 8 + 5
7 + 3 + 9	7 + 9 + 1	5 + 6 + 5	9 + 6 + 4
8 + 2 + 6	6 + 2 + 8	6 + 7 + 4	3 + 9 + 7

4

14 − 4 = 10

a)	b)	c)	d)
14 − 9 − 4	18 − 4 − 8	18 − 7 − 1	17 − 7 − 3
13 − 8 − 3	15 − 7 − 5	13 − 2 − 1	14 − 8 − 4
12 − 5 − 2	19 − 3 − 9	15 − 3 − 2	16 − 4 − 2
16 − 7 − 6	17 − 5 − 7	19 − 5 − 4	11 − 9 − 1
15 − 6 − 5	14 − 5 − 4	17 − 4 − 3	12 − 7 − 2

5

a)	b)	c)	d)
4 + 6 + 2 + 3	7 + 5 + 3 + 2	5 + 7 + 5 + 2	2 + 9 + 8 + 1
4 + 5 + 6 + 3	3 + 9 + 7 + 1	5 + 5 + 4 + 2	7 + 3 + 6 + 2
4 + 4 + 6 + 6	8 + 8 + 2 + 2	6 + 7 + 4 + 2	9 + 9 + 1 + 1
4 + 3 + 7 + 4	6 + 7 + 4 + 1	6 + 8 + 2 + 4	8 + 6 + 2 + 2
4 + 2 + 1 + 6	5 + 3 + 5 + 4	7 + 4 + 5 + 3	6 + 2 + 2 + 4

2 bis **5** Durch bewusstes Vertauschen bzw. Zusammenfassen vorteilhaft rechnen.
4 Z. T. geschickt rechnen ohne Vertauschen.

1

Wie viele **Kombinationen** gibt es?
Vermute. Male alle.

2 Wie viele Kombinationen gibt es?

a) 　　　　b)

3 Rechne alle Aufgaben.

a) 　　　　b)

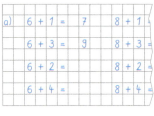　　　

Erst alle Aufgaben mit dem ersten Lkw,
dann alle Aufgaben mit dem zweiten Lkw.

4　starke Päckchen 2

a)	b)	c)	d)	e)
7 + 1	6 + 5	5 + 5	5 + 4	2 + 8
7 + 2	6 + 4	6 + 4	4 + 5	3 + 8
7 + 3	6 + 3	7 + 3	3 + 6	4 + 8
7 + 4	6 + 2	8 + 2	2 + 7	5 + 8
7 + 5	6 + 1	9 + 1	1 + 8	6 + 8

5 Immer eine Aufgabe **passt nicht.** Ändere sie.　starke Päckchen 2

a)	b)	c)	d)	e)
4 + 2	5 + 3	8 + 3	5 + 8	3 + 2
5 + 3	6 + 3	7 + 4	5 + 7	4 + 4
6 + 4	7 + 3	6 + 5	5 + 6	7 + 6
7 + 6	8 + 2	5 + 6	5 + 5	6 + 8
8 + 6	9 + 3	4 + 6	5 + 3	7 + 10

6 Immer eine Aufgabe passt nicht. Ändere sie.　starke Päckchen 2

a)	b)	c)	d)	e)
9 – 9	12 – 3	6 – 0	14 – 4	18 – 10
9 – 8	10 – 3	8 – 2	13 – 4	17 – 9
9 – 7	8 – 3	10 – 5	12 – 4	14 – 8
9 – 6	6 – 3	12 – 6	15 – 4	15 – 7
9 – 4	5 – 3	14 – 8	10 – 4	14 – 6

1 und **2** Spielerisch, zeichnend und argumentativ lösen.
3 Zur Erleichterung des Vergleichens einheitlich vorgehen:
Zunächst alle Aufgaben mit dem ersten Lkw rechnen.

1  Vertausche die drei Steine in der unteren Reihe.

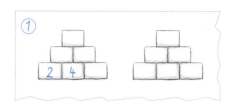

a) Wann erzielt ihr die **größte** Zahl im obersten Stein?

b) Wann erzielt ihr das **kleinste** Ergebnis im obersten Stein?

2 a) 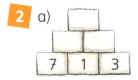 b) 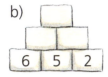 c) 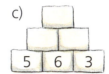 d)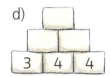

3 a)  b)  c)

4 a) 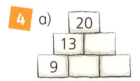 b) 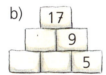 c) 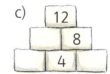 d)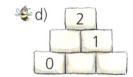

5 a) 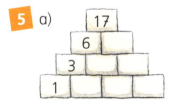 b) 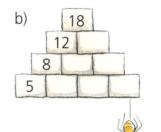 c)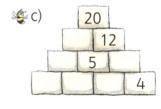

6 Finde passende Zahlen.

zum Knobeln

a)  b) 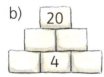 c)  d)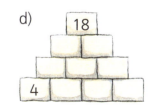

W

7 a)  b)

c)  d)

1 bis **6** Kopiervorlage nutzen.
1 Die Veränderungen beschreiben. Insgesamt 6 Möglichkeiten.

1 Wie viele Kastanien sind es?
Schätzt erst.
Zählt dann.

Rechen-konferenz

Das sind weniger als 20.

Es sind mehr als 50.

2 Die Kinder schätzen. Dann zählen sie. Vergleicht.

a)　　　　　　　　　b)　　　　　　　　　c)

eins, zwei, drei, ...

Nele　　　　　　　Dominik　　　　　　Moritz

3 Schätze erst. Zähle dann.

③ Ich schätze:
Ich zähle:

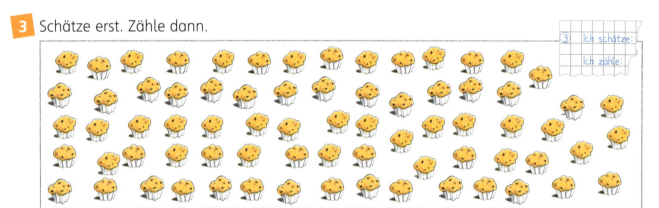

4 Wie viele Eicheln sind es jeweils? Schätzt. Begründet.

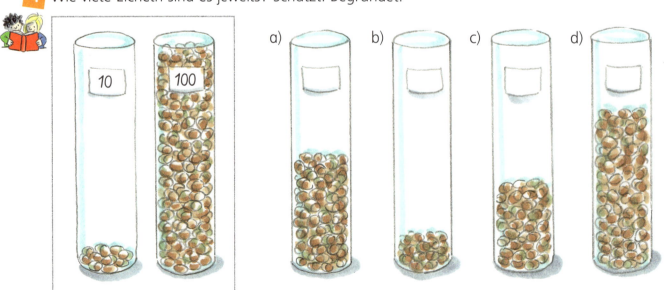

10　　100

a)　　　b)　　　c)　　　d)

Von einer bekannten Ausgangsmenge auf die Gesamtmenge schließen.

1 Erzählt und vergleicht.

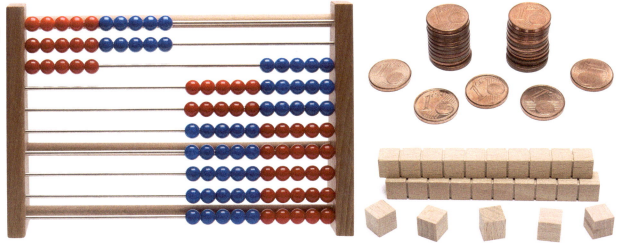

2 Zeigt mit Material.

a) 31   b) 45   c) 26   d) 50   e) 34

3 Schreibe die passende Zahl.

a)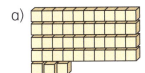

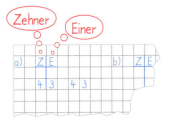

b)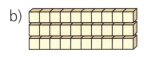

c) 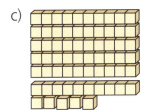   d) 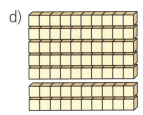   e)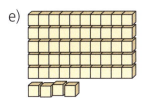

f) 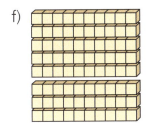   g) 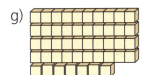   h)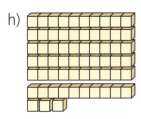

4 < oder = oder >.

größer als

a) 60 ◯ 30   b) 20 ◯ 80   c) 30 ◯ 40   d) 28 ◯ 52
   40 ◯ 50   10 ◯ 10   60 ◯ 20   67 ◯ 76
   70 ◯ 70   90 ◯ 50   80 ◯ 90   49 ◯ 47
   80 ◯ 60   30 ◯ 70   50 ◯ 50   16 ◯ 60

Vorhandenes Material nutzen.

1 Wer hat Recht? Begründe deine Antwort.

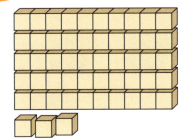
 35
 53

2 Schreibe jeweils die passenden Zahlen.

a)
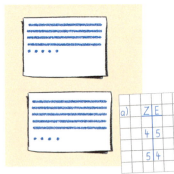

a)	Z	E		
	4	5	4	5
	5	4	5	4

b)
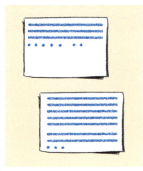

c)

d)
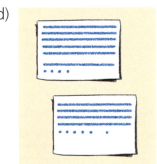

e)

f)
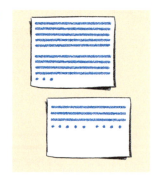

3 Wie heißen die Zahlen? Zerlege sie.

a)

a)	3	2	=	3	0	+	2

b)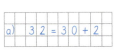

c)

d)

e)

f)

g)

h)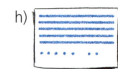

i)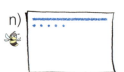

j)

k)

l)

m)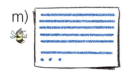

n)

o)

p)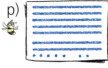

q)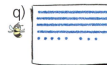

r)

s)

Zahlendreher thematisieren.

4 Male Zehner und Einer.

a) 24
40
42

b) 35
53
30

c) 14
44
41

 d) 66
56
65

e) 43
40
34

f) 23
32
22

5 Zerlege in Zehner und Einer.

a) 29 = 20 + _9_
37 = 30 + ___
41 = 40 + ___
53 = 50 + ___

b) 68 = ___ + 8
14 = ___ + 4
70 = ___ + 0
32 = ___ + 2

c) 26 = ___ + ___
55 = ___ + ___
83 = ___ + ___
34 = ___ + ___

d) 47 = ___ + ___
30 = ___ + ___
61 = ___ + ___
92 = ___ + ___

6 a)

Meine Zahl ist um 6 größer als 90.

90 + 6 = ___

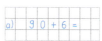 a) 9 0 + 6 =

b) Meine Zahl ist um 4 größer als 70.

c) Wenn du 30 verdoppelst erhältst du meine Zahl.

d) Meine Zahl ist die Hälfte von 80.

e) Meine Zahl ist das Doppelte von 15.

f) Welche Zahl ist um 17 größer als 80?

g) Meine Zahl ist das Dreifache von 33.

W

7
a) 18 – 5
15 – 5
13 – 5
12 – 5

b) 17 – 6
10 – 6
12 – 6
14 – 6

c) 16 – 8
17 – 8
15 – 8
13 – 8

d) 12 – 4
16 – 7
11 – 9
13 – 6

e) 15 – 7
14 – 9
11 – 4
14 – 7

8
a)
4 6 2

b)
3 6 3

c)
3 4 5

d)
4 4 4

e)
7 6 1

f) 20
14
9

g) 19
7
2

h) 18
11
4

i) 14
9

j) 15
8

6 Zahlenrätsel in Partnerarbeit lösen. Diff.: Gegenseitig weitere Rätsel stellen. 8 i) und j) Mehrere Lösungen möglich.

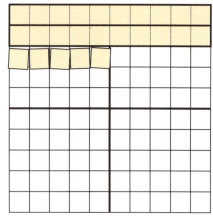

1 Legt Zehnerstangen und einzelne Würfel auf das Hunderterfeld.

a) **27**   b) **48**   c) **50**   d) **63**   e) **74**

2 a) 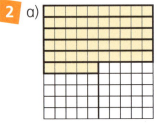   a) 5 5   b)   b) 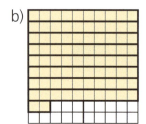   c)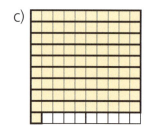

d) 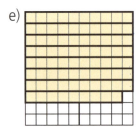   e) 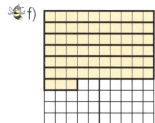   f) 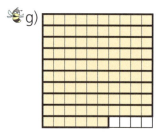   g)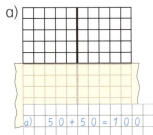

3 Wie viele fehlen bis 100?

a) 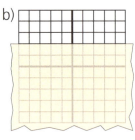   a) 5 0 + 5 0 = 1 0 0   b) 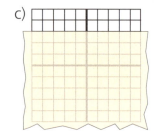   c) 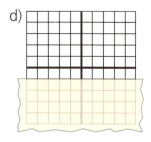   d)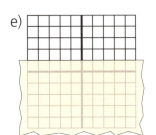

e) 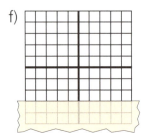   f) 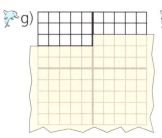   g) 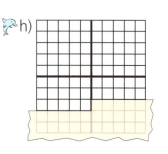   h)

4 Ergänze am Hunderterfeld.

a) 40 + ___ = 100
   60 + ___ = 100
   30 + ___ = 100
   70 + ___ = 100

b) 0 + ___ = 100
   50 + ___ = 100
   100 + ___ = 100
   90 + ___ = 100

c) 92 + ___ = 100
   97 + ___ = 100
   94 + ___ = 100
   95 + ___ = 100

d) 75 + ___ = 100
   45 + ___ = 100
   84 + ___ = 100
   79 + ___ = 100

5 Zeige am Hunderterfeld und schreibe mit Ziffern.

a) sechsundachtzig

b) siebenundsechzig

c) fünfundneunzig

d) achtundsiebzig

e) dreiundfünfzig

f) vierundvierzig

g) zweiundvierzig

h) neunundzwanzig

i) achtunddreißig

j) einundfünfzig

k) fünfunddreißig

l) zweiundsechzig

6 Welche Zahlen könnten es sein?

a) ___undvierzig

b) ___undsiebzig

c) fünfund___

d) dreiund___

e) ___zehn

f) vier___

W

7 Immer eine Aufgabe passt nicht. Ändere sie.

a) 5 + 8
   6 + 7
   7 + 4
   8 + 5

b) 9 + 5
   8 + 5
   7 + 5
   6 + 6

c) 3 + 6
   5 + 7
   7 + 8
   8 + 9

d) 6 + 9
   6 + 8
   6 + 5
   6 + 3

e) 2 + 3
   4 + 5
   6 + 7
   8 + 10

8 Welche Aufgabe passt zum Bild? Wähle aus. Rechne im Heft.

a)

A 5 + 2
B 3 + 2
C 3 – 2

b)

A 6 – 3
B 9 + 3
C 9 – 3

c)

A 9 + 2 + 2
B 9 – 2 – 2
C 5 – 2 – 2

6 Diff.: Alle möglichen Zahlen finden. 8 Rechengeschichten erzählen. Passende Aufgabe im Heft notieren und ausrechnen.

1

Welche Zahlen habe ich versteckt?

1		3	4			7	8		10
	12	13		15	16		18	19	
21	22		24	25	26	27		29	30
31		33	34	35	36	37	38		40
	42	43	44	45	46	47	48	49	
	52	53	54	55	56	57	58	59	
61		63	64	65	66	67	68		70
71	72		74	75	76	77		79	80
	82	83		85	86		88	89	
91		93	94			97	98		100

Schreibe die versteckten Zahlen.

① 2, 5, 6,

2

Das ist eine Zeile!

Ergänze die fehlenden Zahlen in den Zeilen.

a) | 31 | | | 34 | 35 | | | 38 | | |

a) 3 1, 3 2, 3 3,

b) | 71 | | | | 75 | | | | | 80 |

c) | | | | 54 | 55 | 56 | | | | |

d) | | 82 | | | 86 | 87 | | 89 | | |

e) | 91 | | | | | 96 | 97 | | | |

61	62	63	64	65	66	67	68	69	70

3

8
18
28
38
48
58
68
78
88
98

Das ist eine Spalte!

Ergänze die fehlenden Zahlen in den Spalten.

a)

3
23
53
73
93

a) 3, 1 3, 2 3

b)

10
20
50

c)

25
35
45

d)

6
96

e)

67
77

4

Forschungs-auftrag

a) Untersuche die Zahlen in den Spalten.
b) Untersuche die Zahlen in den Zeilen.

 5

a) Meine Zahl steht in der sechsten Zeile und hat zwei Einer.

b) Meine Zahl steht in der Hundertertafel über der 93.

c) In der ersten Spalte ganz unten findest du meine Zahl.

d) Meine Zahl steht in der vierten Spalte und hat sieben Zehner.

e) Meine Zahl ist zwei Felder von der 34 entfernt.

f) Meine Zahl hat genau so viele Zehner wie Einer.

g) Meine Zahl steht in der rechten Spalte und hat zwei Nullen.

h) Meine Zahl ist 3 Felder von der 47 und zwei Felder von der 75 entfernt.

3 Gerade und ungerade Zahlen thematisieren. **5** e) und f) Mehrere Lösungen.

6 Welche Zahlen fehlen?

a)

12		
22	23	24

a)
1 2	1 3	1 4
2 2	2 3	2 4
3 2		

b)

34		
	45	
		56

c)
	18	
27	28	

d)

67		69
	78	

e)

	89	
98		100

f)

23	
	34

g)

81		

h)
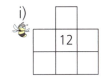

	59	

i)

	12

j)
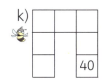

	64

k)

	40

7

1								
	22	23	24					
	32		34		37			
	42	43						
								100

1								
42								
								100

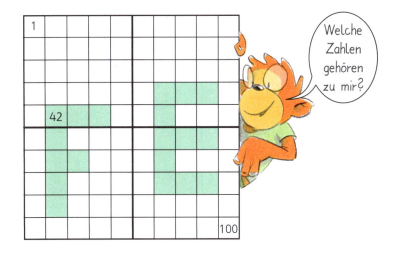

Welche Zahlen gehören zu mir?

8 So kannst du ein schönes Muster malen:

a) Gehe von [1] immer einen Zehner
   und einen Einer weiter.
   Male rot an.

b) Gehe von [10] immer wieder neun Einer weiter.
   Male grün an.

Beschreibe das Muster.

1	2	3	4	5	6	7	8	9	10
11	12	13	14	15	16	17	18	19	20
21	22	23	24	25	26	27	28	29	30
31	32	33	34	35	36	37	38	39	40
41	42	43	44	45	46	47	48	49	50
51	52	53	54	55	56	57	58	59	60
61	62	63	64	65	66	67	68	69	70
71	72	73	74	75	76	77	78	79	80
81	82	83	84	85	86	87	88	89	90
91	92	93	94	95	96	97	98	99	100

9 Noch ein schönes Muster. Male immer blau an:

a) Gehe von [41] immer wieder neun Einer zurück – bis zur Zahl [5].

b) Gehe von [6] immer wieder einen Zehner und einen Einer weiter,
   bis du die Zahl [50] erreicht hast.

c) Gehe von [60] immer wieder neun Einer vor – bis [96].

d) Von [95] immer wieder einen Zehner und einen Einer zurück,
   bis die Zahl [51] erreicht ist.

e) Gehe von [23] immer elf Einer weiter – bis [78] und
   von [28] immer neun Einer weiter – bis [73].

Erfinde eigene Muster. Beschreibe sie.

Kopiervorlagen. **6** Ausschnitte aus der Hundertertafel.

1 Springe in vier Richtungen jeweils zwei Felder weiter. Wo landest du?

a)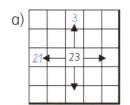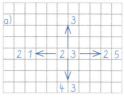

b)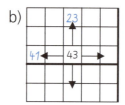

c)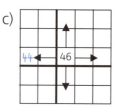

d)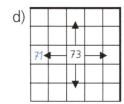

e)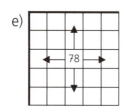

f)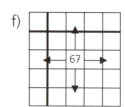

g)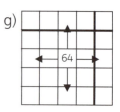

 2 a)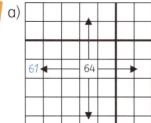

Springe immer drei Felder weiter.

b)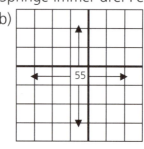

c)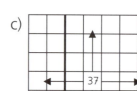

 Zehnersprünge nach oben oder unten.

 Einersprünge nach rechts oder nach links.

d)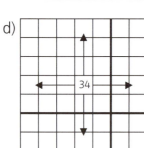

e)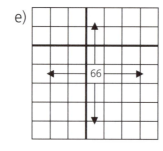

f)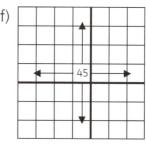

 3 Starte immer bei [54]

a) Gehe 3 Felder nach unten.

b) Gehe 2 Felder nach links.

c) Gehe 2 Felder nach oben.

d) Gehe 3 Felder nach rechts.

e) Gehe 6 Felder nach rechts.

f) Gehe 5 Felder nach oben.

4 Finde jeweils den Fehler. Schreibe die richtige Zahl.

a)
51	53
61	62

b)
4	5	6
14	17	16

c)
27	28
36	38

d)
28
38
48
88
68
78

e)
45	46
55	56
64	66

f)
63
73
53
93

g)
32	33	43	35
42	43	44	45

h)
18	19	20
28	79	30
38	39	40

1

Christian zerschneidet eine Hundertertafel und klebt die Teile zu einem Hunderterstreifen zusammen.

a) Wie viele Klebestellen sind nötig?
b) Welche Zahlen stoßen an den Klebestellen aneinander?
c) Wo ist die Mitte des Bandes?

2 Welche Zahlen fehlen?

a) | 23 | 24 | | | 28 | | | 32 |

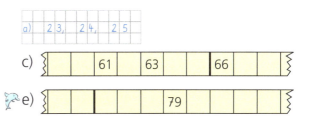

b) | | 46 | 47 | | | 51 | | |

c) | | | 61 | | 63 | | 66 | | |

d) | 91 | | | | 96 | | | 100 |

e) | | | | | 79 | | | |

3 Vorwärts. Schreibe auf.
a) 24, 25, … 33   b) 32, 33, … 41   c) 46, 47, … 55   d) 67, 68, … 76
e) 58, 59, … 67   f) 82, 83, … 91   g) 78, 79, … 87   h) 55, 56, … 64

4 Rückwärts. Schreibe auf.
a) 26, 25, … 17   b) 44, 43, … 35   c) 53, 52, … 44   d) 32, 31, … 23
e) 100, 99, … 91   f) 66, 65, … 57   g) 74, 73, … 65   h) 85, 84, … 76

5 Setzt die Zahlenfolgen fort. Findet die Regel.

a) 0, 5, 10, … 45   a) 0, 5, 10, 15,   b) 10, 12, 14, … 30   c) 12, 18, 24, … 60
d) 90, 80, 70, … 0   Regel: immer + 5   e) 36, 34, 32, … 18   f) 66, 63, 60, … 39

6 Schreibe eigene Zahlenfolgen.

W

7 a)    b)

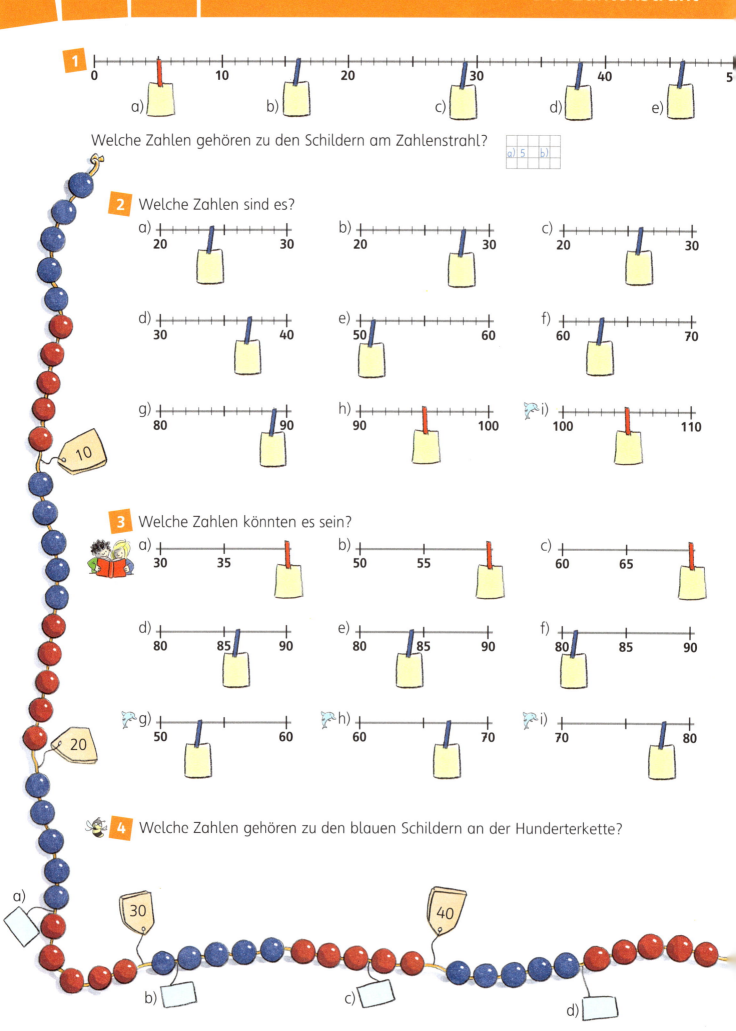

1

0   10   20   30   40   5

a)   b)   c)   d)   e)

Welche Zahlen gehören zu den Schildern am Zahlenstrahl?

a) 5   b)

2 Welche Zahlen sind es?

a) 20 — 30
b) 20 — 30
c) 20 — 30

d) 30 — 40
e) 50 — 60
f) 60 — 70

g) 80 — 90
h) 90 — 100
i) 100 — 110

3 Welche Zahlen könnten es sein?

a) 30 35
b) 50 55
c) 60 65

d) 80 85 90
e) 80 85 90
f) 80 85 90

g) 50 — 60
h) 60 — 70
i) 70 — 80

4 Welche Zahlen gehören zu den blauen Schildern an der Hunderterkette?

10

20

30   40

a)   b)   c)   d)

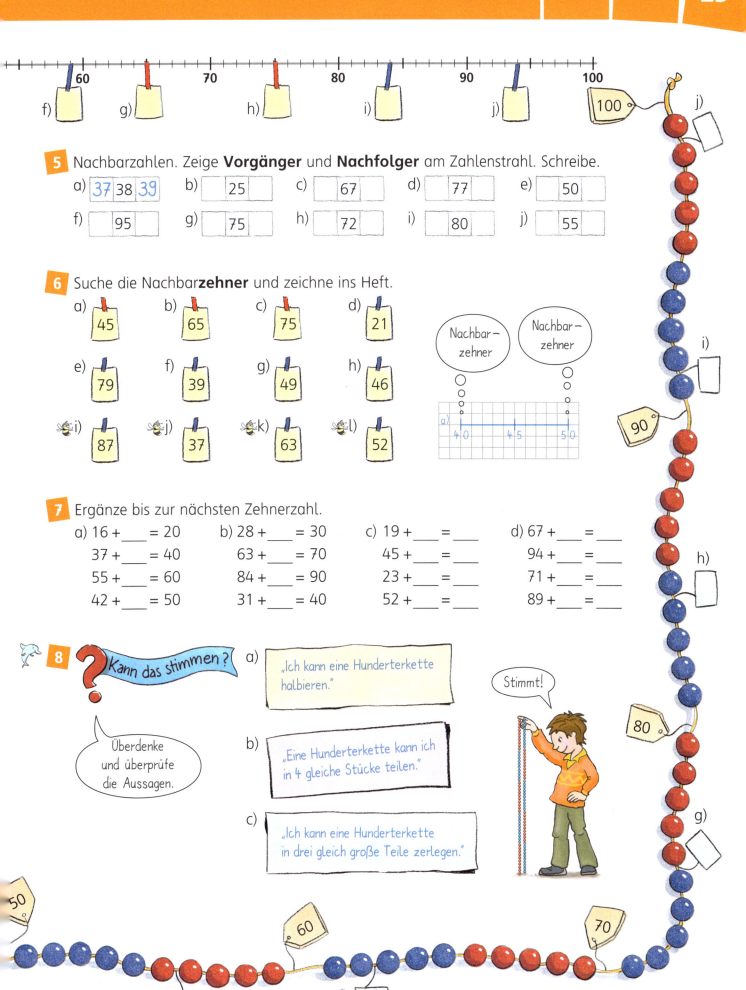

60   70   80   90   100

f)   g)   h)   i)   j)

5 Nachbarzahlen. Zeige **Vorgänger** und **Nachfolger** am Zahlenstrahl. Schreibe.

a) 37 38 39   b) 25   c) 67   d) 77   e) 50

f) 95   g) 75   h) 72   i) 80   j) 55

6 Suche die Nachbar**zehner** und zeichne ins Heft.

a) 45   b) 65   c) 75   d) 21

e) 79   f) 39   g) 49   h) 46

i) 87   j) 37   k) 63   l) 52

Nachbar-zehner   Nachbar-zehner

a) 40   45   50

7 Ergänze bis zur nächsten Zehnerzahl.

a) 16 + ___ = 20
   37 + ___ = 40
   55 + ___ = 60
   42 + ___ = 50

b) 28 + ___ = 30
   63 + ___ = 70
   84 + ___ = 90
   31 + ___ = 40

c) 19 + ___ = ___
   45 + ___ = ___
   23 + ___ = ___
   52 + ___ = ___

d) 67 + ___ = ___
   94 + ___ = ___
   71 + ___ = ___
   89 + ___ = ___

8 **Kann das stimmen?**

Überdenke und überprüfe die Aussagen.

a) „Ich kann eine Hunderterkette halbieren."

b) „Eine Hunderterkette kann ich in 4 gleiche Stücke teilen."

c) „Ich kann eine Hunderterkette in drei gleich große Teile zerlegen."

Stimmt!

100 j)
90 i)
80 h)
70 g)
60 f)
50 e)

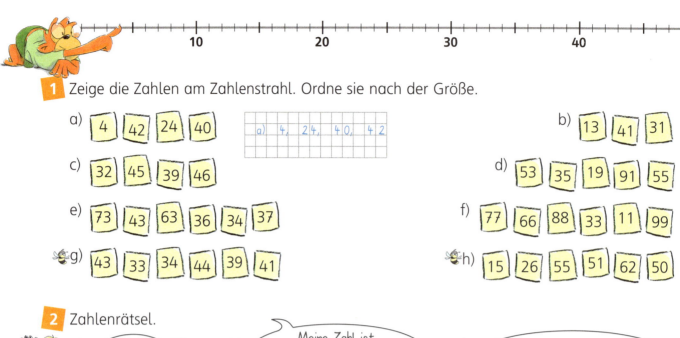

1 Zeige die Zahlen am Zahlenstrahl. Ordne sie nach der Größe.

a) `4` `42` `24` `40`

a) 4, 24, 40, 42

b) `13` `41` `31`

c) `32` `45` `39` `46`

d) `53` `35` `19` `91` `55`

e) `73` `43` `63` `36` `34` `37`

f) `77` `66` `88` `33` `11` `99`

g) `43` `33` `34` `44` `39` `41`

h) `15` `26` `55` `51` `62` `50`

2 Zahlenrätsel.

a) Meine Zahl liegt zwischen 29 und 31.

b) Meine Zahl ist der Nachfolger von 35.

c) Meine Zahl liegt in der Mitte zwischen 56 und 60.

d) Meine Zahl ist doppelt so groß wie 20.

e) Meine Zahl ist der Vorgänger von 40.

f) Meine Zahl ist kleiner als 1.

Sind deine Ergebnisse richtig?
Kontrolliere nach jeder Rechnung.

0 30 36 39 40 58

3 Finde eigene Zahlenrätsel zu den Zahlen.   a) `1`   b) `50`   c) `25`   d) `37`

4 Rechne am Zahlenstrahl. Kontrolliere deine Ergebnisse.

a)	b)	c)	d)
30 + 70	30 + 20 + 10	100 – 90	100 – 30 – 20
50 + 40	50 + 10 + 20	100 – 95	100 – 20 – 30
40 + 30	60 + 20 + 10	100 – 80	100 – 40 – 30
30 + 40	40 + 10 + 10	100 – 85	100 – 30 – 40
70 + 30	20 + 20 + 0	100 – 70	100 – 50 – 20
50 + 30	10 + 20 + 10	100 – 75	100 – 20 – 50

5 10 15 20 25 30 30 30 30 30 40 40 50 50 60 60 70 70 80 80 90 90 100 100

W

5 a)  b)

1 bis **4** Am Zahlenstrahl orientieren. **2**, **4** und **5** Feststellen: Die Kontrollzahlen sind nach Größe geordnet.
Auch andere Selbstkontrollmöglichkeiten nutzen, z. B. diskutieren, in welcher Größenordnung ein Ergebnis ungefähr liegen muss.

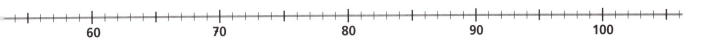

1 Vor und zurück am Zahlenstrahl. Kontrolliere.

a) 60 + 10	b) 90 + 5	c) 65 + 5	d) 83 + 3	e) 100 + 1
60 – 10	90 – 5	65 – 5	83 – 3	100 – 1
80 + 20	70 + 1	94 + 4	25 + 5	100 + 10
80 – 20	70 – 1	94 – 4	25 – 5	100 – 10

20 30 50 60 60 69 70 70 71 80 85 86 90 90 95 98 99 100 101 110

2 Zahlenrätsel.

a) Meine Zahl ist doppelt so groß wie 25.

b) Meine Zahl ist um 7 größer als 83.

c) Meine Zahl liegt 5 vor 64.

d) Meine Zahl ist um 5 kleiner als 100.

f) Meine Zahl liegt zwischen 28 und 40. Der Einer ist doppelt so groß wie der Zehner.

g) Meine Zahl ist größer als 39 und kleiner als 50. Sie hat zwei gleiche Ziffern.

e) Meine Zahl ist halb so groß wie 80.

36 40 44 50 59 90 95

3

a) 100 = 90 + ___
   100 = 95 + ___
   100 = 70 + ___
   100 = 75 + ___

b) 100 = 80 + 10 + ___
   100 = 80 + 20 + ___
   100 = 60 + 20 + ___
   100 = 60 + 10 + ___

c) 100 = 90 + 5 + ___
   100 = 80 + 5 + ___
   100 = 30 + 55 + ___
   100 = 40 + 55 + ___

0 5 5 5 10 10 15 15 20 25 30 30

4 Geht es immer mit gleichen Zahlen?

a) 100 = 50 + ___
b) 100 = 40 + 40 + ___
c) 100 = 30 + 30 + 30 + ___
d) 100 = 20 + 20 + 20 + 20 + ___
e) 100 = 25 + 25 + 25 + ___

f) 100 – 20 – 20 – 20 – 20 = ___
g) 100 – 30 – 30 – 30 = ___
h) 100 – 40 – 40 = ___
i) 100 – 50 – 50 = ___
j) 100 – 33 – 33 – 33 = ___

5 a)    b)

1

Welche Zahlen fehlen hier? Schreibe.

2 Setzt die Zahlenfolgen fort. Findet jeweils die Regel.

a) 9, 19, 29 … 99

a) 9, 19, 29, 39,
Regel: immer + 10

b) 55, 50, 45 … 5

c) 27, 29, 31 … 45   d) 11, 15, 19 … 47

e) 26, 28, 30 … 44

f) 3, 6, 9 … 30

g) 100, 98, 96 … 82

🐬 h) 10, 16, 22 … 64

🐬 i) 11, 22, 33 … 99

🐬 j) 48, 44, 40 … 12

3 Findet zu jeder Regel eine Zahlenfolge.

a) immer + 2

a) 18, 20, 22

b) immer − 5

c) immer + 10

d) immer − 2

e) immer − 4

🐬 f) immer + 9

🐬 g) immer − 6

4

a) „Ich denke mir die Zahlenfolge 55, 60, 65. Die nächste Zahl ist 75." Irina

b) „Wenn ich von 35 in Zehnerschritten weiterzähle, komme ich nie zur 100." Murat

c) „Ich denke mir die Zahlenfolge 24, 20, 16. Irgendwann treffe ich genau die 100." Esra

W

5 Zerlege in Zehner und Einer.

a) 46 = 40 + 6
73 = ___ + ___

b) 65 = ___ + ___
37 = ___ + ___

c) 84 = ___ + ___
28 = ___ + ___

d) 59 = ___ + ___
92 = ___ + ___

6 Welche Aufgabe passt zum Bild? Wähle aus. Rechne im Heft.

a)

A 3 − 2
B 5 + 2
C 5 − 2

b)

A 4 + 2
B 2 + 2
C 2 − 2

c)

A 3 − 2 − 1
B 6 + 2 + 1
C 3 + 2 + 1

1

Wassily Kandinsky

Wo sehen die Kinder im Bild die Figuren?
Zeige.

Ich sehe ein grünes Dreieck.

Ich sehe 9 kleine Quadrate.

Ich sehe 9 blaue Kreise.

Ich sehe …

Stellt euch Suchaufgaben.

2

Ines

Welche Formen hat Ines verwendet?
Beschreibt sie.

3

Leon

a) Wie viele **Vierecke, Dreiecke** und **Kreise** hat Leon gezeichnet?
Lege eine Tabelle an.

a)	Vierecke	Dreiecke	Kreise

4 Gestalte ein Bild
mit geometrischen Formen.

b) Stellt euch Suchaufgaben.

Fächerübergreifend über Formen und Ästhetik sprechen.
3 Verschiedene Vierecke unterscheiden: unregelmäßiges Viereck, Quadrat, Rechteck.

1 Stellt aus quadratischem Papier viele dieser Formen her.

Rechteck · Quadrat · großes Dreieck · kleines Dreieck

2

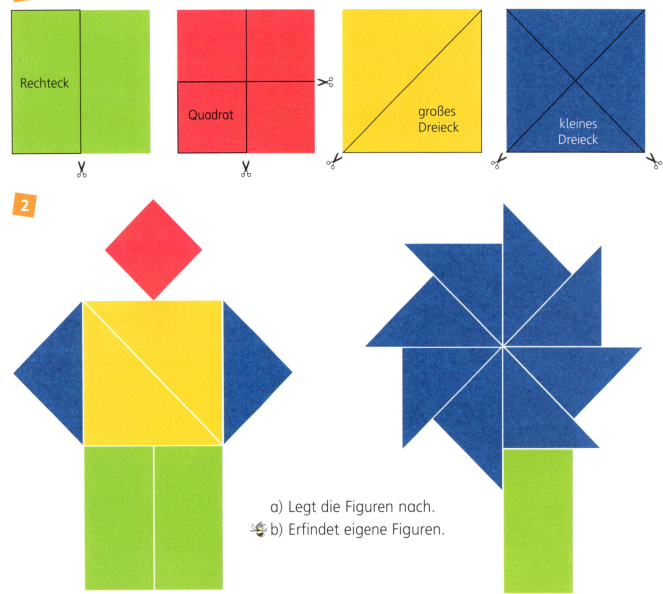

a) Legt die Figuren nach.
b) Erfindet eigene Figuren.

3 a) Legt die Figuren nach.

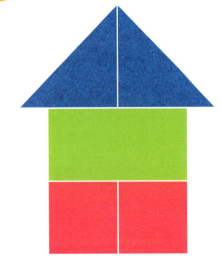

b) Felix behauptet: „Ich kann diesen Fisch auch mit den Formen des Hauses legen."

1 Farbige Quadrate in Vierecke und Dreiecke falten und schneiden. Zettelblock verwenden.
2 Diff.: Gruppenarbeit: Ein Bild gestalten.

1 a) Legt diese Figuren mit den Formen von Seite 28 nach.

b) Tragt jeweils in eine Tabelle ein.

Figur A	▢	▯	◽	◺	◿
1. Möglichkeit	1	2	1	–	2
2. Möglichkeit	–				
3. Möglichkeit					

A

B

C

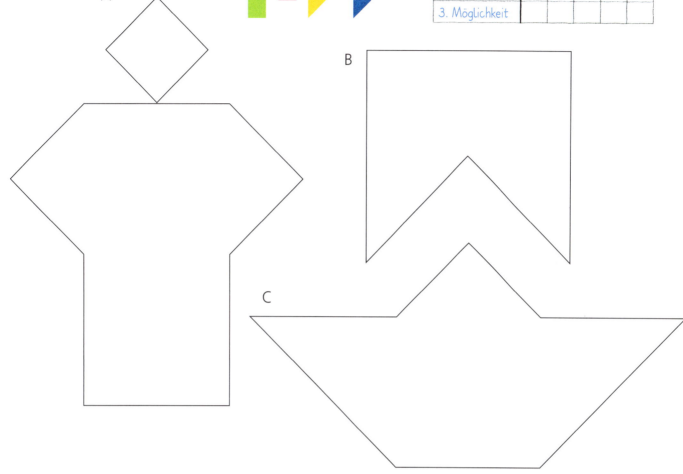

2

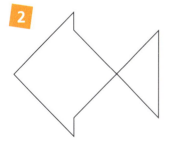

Legt nach:
a) mit 3 Dreiecken
b) mit 4 Dreiecken

3

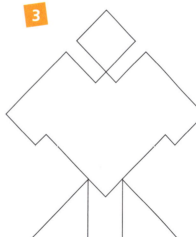

Legt nach:
a) mit 6 Formen
b) mit 9 Formen
c) mit 11 Formen

4

Legt nach:
a) mit möglichst wenigen Formen
b) mit möglichst vielen Formen

1 Für die Tabelle Kopiervorlage nutzen. Diff.: A 20 Möglichkeiten, B 8 Möglichkeiten, C 25 Möglichkeiten.
3 b) und c) Jeweils 2 Möglichkeiten. **4** b) 4 Möglichkeiten.

So könnt ihr eine Geldbörse falten.

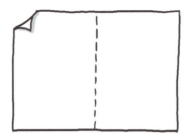

1 Faltet ein Blatt in der Mitte.

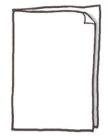

2 Faltet danach wieder auf.

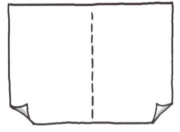

3 Faltet jetzt nach oben.

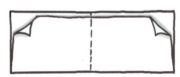

4 Faltet danach wieder auf.

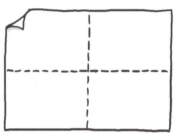

5 Jetzt sieht es so aus.

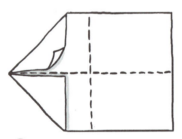

6 Faltet die 4 Ecken nach innen.

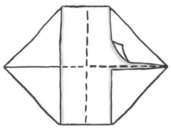

7 Jetzt sieht es so aus.

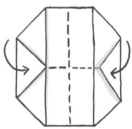

8 Faltet die Spitzen nach innen.

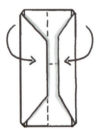

9 Faltet wieder beide Seiten zur Mitte.

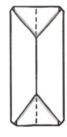

10 Jetzt sieht es so aus.

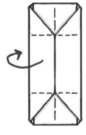

11 Dreht nun die Vorderseite nach hinten.

12 Faltet oben und unten zur Mitte.

13 Jetzt sieht es so aus.

14 Faltet nach hinten. Ihr findet zwei Fächer.

15 Holt aus einem Fach ein Dreieck heraus. Verschließt damit die Geldbörse.

Zum Falten eignen sich ein DIN-A4-Blatt oder ein DIN-A3-Blatt.

100 ct = 1 €

1 Ordne und vergleiche.

a) Cent-Münzen

a) 1 ct , 2 ct

b) Euro-Münzen und Euro-Scheine

2

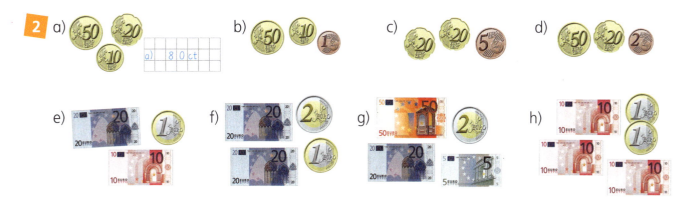

a) 8 0 ct

3 Lege Münzen und Scheine.

a) 90 €

a) 50 €   20 €

b) 37 €   c) 43 €   d) 42 €

e) 85 €   f) 76 €   g) 64 €   h) 39 €   i) 18 €   j) 61 €

4 Was kostet wie viel? Ordne die Preise zu.

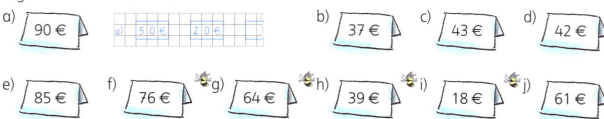

A Spielzeugpferd   B Brötchen   C Monitor   D Spielzeugauto

50 ct   A   €   100 €   4 €   20 €   1 ct

5 Findet Gegenstände, die ungefähr so viel kosten.

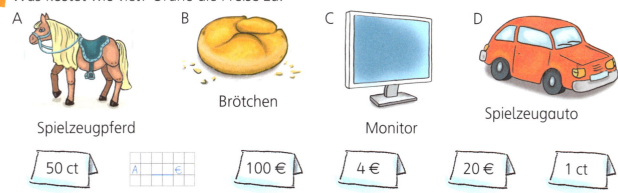

a) 50 ct   b) 1 €   c) 10 €   d) 20 €   e) 5 ct

Aufgaben mit Rechengeld lösen. **3** Es gibt immer mehrere Möglichkeiten. Diff.: Möglichst wenig Münzen und Scheine legen.
4 Ein überzähliges Kärtchen. **5** Prospekte und Kataloge nutzen. In Geschäften forschen.

1 Für den Ausflug hat jedes Kind 15 € mitgebracht.

Ich habe zwei Scheine.

Ich habe drei Scheine.

Ich habe zwei Scheine und 3 Münzen.

Tora   Jan   Pia

2 Lege und zeichne. Finde verschiedene Möglichkeiten.

a) 12 €

b) 40 ct   c) 15 €   d) 85 ct   e) 27 ct

f) Finde **alle** Möglichkeiten.   11 ct

3 Lege und zeichne. Finde verschiedene Möglichkeiten.

a) 10 € mit 2 Scheinen   b) 5 € mit 3 Münzen   c) 50 ct mit 4 Münzen

d) 10 ct mit 5 Münzen   e) 6 € mit 3 Münzen   f) 25 ct mit 5 Münzen

g) 50 € mit 4 Scheinen   h) 10 € mit Scheinen und Münzen

4 Wie viele Münzen brauchst du mindestens? Lege und zeichne.

a) für 15 ct   b) für 38 ct   c) für 59 ct   d) für 83 ct   e) für 77 ct

5 Wie viele Scheine und Münzen brauchst du mindestens? Lege und zeichne.

a) 40 €   b) 53 €   c) 27 €   d) 95 €   e) 88 €   f) 99 €

g) 67 €   h) 34 €   i) 69 €   j) 100 €   k) 76 €   l) 62 €

6 Wie viel Geld kann es sein?

a) Felix hat vier gleiche Euro-Münzen.

b) Jan hat drei gleiche Scheine. Es sind weniger als 100 €.

c) Anna hat fünf Münzen. Es sind nur 1-€-Münzen und 2-€-Münzen.

d) Lena hat vier Scheine. Es sind 5-€-Scheine und 10-€-Scheine.

e) Mona hat 12 € mehr als ihr Bruder. Zusammen sind es 24 €.

f) Simon hat 7 € weniger als Jenny. Zusammen haben sie 19 €.

W

7
a)	b)	c)	d)	e)
10 + 5	30 + 5	25 – 5	65 – 5	95 – 5
20 + 5	35 + 5	20 – 5	60 – 5	90 – 5
25 + 5	55 + 5	35 – 5	70 – 5	40 – 5

Aufgaben mit Rechengeld lösen. **2** f) Es gibt zwölf Möglichkeiten.

Lotta verkauft auf dem Schulbasar.

ein Band 45 ct
jedes Armband 30 ct
ein Stein 20 ct
jedes Kastanientier 20 ct
ein Glas 70 ct
ein Anhänger 30 ct
eine Karte 50 ct
jedes Lesezeichen 20 ct

1 Kannst du die Fragen beantworten? Schreibe **ja** oder **nein.**

A Wie teuer ist ein Anhänger?

B Wie groß ist Lotta?

C Wie viel kostet ein Armband?

D Wie viele Steine verkauft Lotta?

E Was kauft Jan ein?

F Wie viel kosten zwei Lesezeichen zusammen?

| A | ja |
| B | nein |

2 Wie viel kostet es jeweils?

a)

a) 7 0 ct + 2 0 ct =

b)

c)

d)

e)

🐬 f)

3 Was würdest du kaufen? Schreibe oder male.

a) Du hast 50 ct. b) Du hast 70 ct. c) Du hast 80 ct.

🐬 d) Du hast 95 ct. 🐬 e) Du hast 85 ct. 🐬 f) Du hast 120 ct.

4 Finde eine passende Frage.

a) Noah kauft ein Glas und einen Stein.

a) Wie viel muss Noah bezahlen?

b) Simon hat noch 60 ct. Er möchte zwei Karten kaufen.

c) Pia hat 50 ct. Sie kauft ein Lesezeichen.

🐝 d) Greta hat 90 ct. Sie kauft ein Glas.

🐬 e) Lennart hat für 80 ct Lesezeichen gekauft.

🐬 f) Laura hat für 75 ct eingekauft.

Rechengeld nutzen. Begriffe „ein" und „jedes" im Bild oben klären.
3 Es darf auch Geld übrig bleiben. **4** Diff.: Zu jeder Frage eine Rechnung und eine Antwort finden.

1 Ordne die Aufgaben: Stelle starke Päckchen zusammen. Rechne. Setze fort.

a)
20 + 80   50 + 50
30 + 70   40 + 60

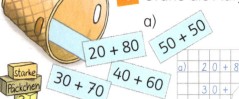

b)
8 + 3   10 + 4
14 + 6   12 + 5

c)
22 + 4   22 + 8
22 + 2   22 + 6

d)
14 – 5   14 – 9
14 – 3
14 – 7

e)
80 – 60   60 – 50
100 – 70   40 – 40

f)
9 – 4 – 3   15 – 6 – 5
3 – 2 – 1
21 – 8 – 7

W

2

a) 1 + 9	b) 13 – 4	c) 9 + 10	d) 50 + 5	e) 20 – 5	f) 90 – 40 – 50
3 + 8	13 – 6	8 + 9	40 + 6	40 – 10	80 – 30 – 40
5 + 7	13 – 8	7 + 8	30 + 7	60 – 5	70 – 20 – 30
7 + 6	13 – 10	6 + 5	20 + 8	80 – 10	60 – 10 – 20
9 + 5	13 – 9	5 + 6	10 + 9	100 – 5	50 – 0 – 10

3 Welche Zahlen könnten es sein?

a) 20   25

b) 40   45

c) 80   90

d) 70   80

e) 90   100

f) 80   90

4 Setze die Zahlenfolgen fort. Schreibe jeweils die Regel auf.

a) 22, 25, 28, … 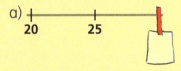   b) 32, 34, 36, …   c) 50, 45, 40, …

d) 20, 25, 30, …   e) 60, 54, 48, …   f) 27, 36, 45, …

5 Schreibe Zahlenfolgen zu den Regeln. Starte immer bei 60.

a) immer + 4 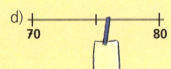   b) immer – 10   c) immer – 3   d) immer + 5

6 Welche Aufgabe passt zum Text? Wähle aus. Rechne.

a)
Max kauft ein Heft für 50 ct und einen Stift für 30 ct.	A 50 ct – 30 ct B 50 ct + 30 ct C 30 ct – 50 ct

b)
Anna hat 12 Euro. Sie kauft ein Buch für 7 Euro.	A 7 € – 12 € B 12 € + 7 € C 12 € – 7 €

1 Einsicht in die operative Struktur vertiefen. Diff.: Die Päckchen weiterführen.
2 b) und c) Diff.: Je eine Aufgabe an den Aufgabenzusammenhang anpassen. **4** und **5** Beliebig weit fortsetzen.

1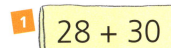

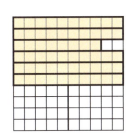

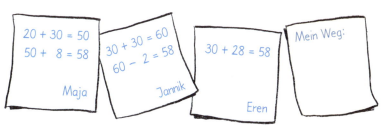

20 + 30 = 50
50 + 8 = 58

Maja

30 + 30 = 60
60 − 2 = 58

Jannik

30 + 28 = 58

Eren

Mein Weg:

2 Rechne auf deinem Weg.

a) 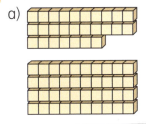   b) 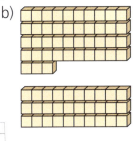   c) 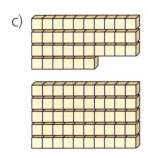   d)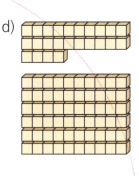

a) 27 + 40 =

3 Lege und rechne.

a) 7 + 10	b) 5 + 20	c) 9 + 30	d) 3 + 40	e) 8 + 80
17 + 10	15 + 20	19 + 30	13 + 80	18 + 60
27 + 10	25 + 20	29 + 30	16 + 50	58 + 20
37 + 10	35 + 20	38 + 30	26 + 70	87 + 10
47 + 10	55 + 20	48 + 30	37 + 20	35 + 30

17 25 27 35 37 39 43 45 47 49 55 57 57 59 65 66 68 75 78 78 78 88 93 96 97

4 Lege und addiere.

a) 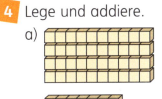   b) 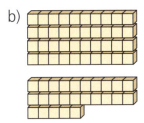   c) 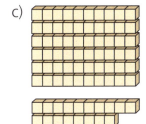   d)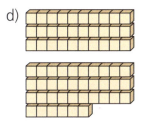

5

a) 50 + 6	b) 60 + 3	c) 60 + 9	d) 30 + 4	e) 80 + 7
50 + 16	50 + 13	60 + 19	30 + 14	70 + 27
50 + 26	40 + 23	60 + 29	30 + 24	60 + 47
50 + 36	30 + 43	60 + 39	30 + 44	30 + 67
50 + 46	20 + 33	60 + 38	30 + 34	40 + 57
50 + 48	10 + 23	60 + 37	30 + 35	50 + 57

33 34 44 53 54 56 63 63 63 64 65 66 69 73 74 76 79 86 87 89 96 97 97 97 97 98 98 99 107 107

1 Mit Material erarbeiten.

1 Lege Zehnerstangen und Einzelne auf das Hunderterfeld. Rechne.

a) 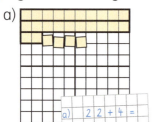 b) 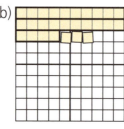 c) 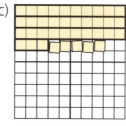 d)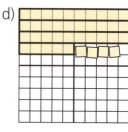

a) 2 2 + 4 =

e) 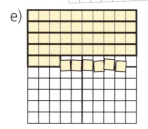 f) 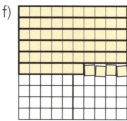 g) 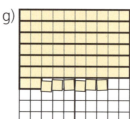 h)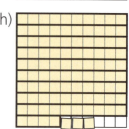

2 Lege und rechne. Kontrolliere sofort.

a) 4 + 4	b) 3 + 3	c) 2 + 7	d) 4 + 8	e) 8 + 5
14 + 4	13 + 3	12 + 7	14 + 8	18 + 5
43 + 4	53 + 3	42 + 7	84 + 8	58 + 5
63 + 4	73 + 3	72 + 7	65 + 8	48 + 6
52 + 4	63 + 3	83 + 7	75 + 8	69 + 6
72 + 4	83 + 3	93 + 7	83 + 8	76 + 6

6 8 9 12 13 16 18 19 22 23 47 49 54 56 56 63 66 67 73 75 76 76 79 82 83 86 90 91 92 100

3 a) 12 + 4   b) 43 + 5   c) 52 + 2   d) 34 + 9   e) 13 + 7

a) 12 + 4	b) 43 + 5	c) 52 + 2	d) 34 + 9	e) 13 + 7
12 + 3	53 + 5	64 + 2	44 + 9	24 + 7
12 + 2	63 + 5	74 + 3	55 + 9	84 + 7
12 + 7	83 + 5	94 + 3	65 + 8	75 + 5
12 + 6	93 + 5	95 + 4	86 + 8	77 + 5
12 + 5	94 + 6	96 + 4	68 + 8	37 + 5

14 15 16 17 18 19 20 31 42 43 48 53 54 58 64 66 68 73 76 77 80 82 88 91 94 97 98 99 100 100

4

Wir fahren mit 20 Kindern und acht Erwachsenen.

Unsere Klasse hat 22 Kinder. Drei Mütter und eine Lehrerin fahren mit.

Der Bus hat nur 27 Plätze.

1 bis **3** Material legen. **4** Erzählen, rechnen und entscheiden.

1

$$56 - 30$$

Mein Weg:

$50 - 30 = 20$
$20 + 6 = 26$

Paul

$56 - 30 = 26$

Lara

2 Lege. Nimm weg. Rechne.

a)  b)  c) 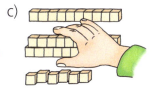 d)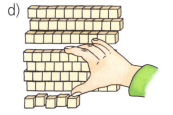

3 Rechne auf deinem Weg.

a) 61 – 10	b) 62 – 20	c) 55 – 30	d) 98 – 40	e) 35 – 20
51 – 10	52 – 20	85 – 30	88 – 40	67 – 50
31 – 10	32 – 20	65 – 30	97 – 40	43 – 40
41 – 10	42 – 20	75 – 30	87 – 40	94 – 90
21 – 10	22 – 20	95 – 30	73 – 40	76 – 40

2 3 4 11 12 15 17 21 22 25 31 32 33 35 36 41 42 45 47 48 51 55 57 58 65

4

a) 76 – 10	b) 92 – 10	c) 61 – 10	d) 89 – 0	e) 68 – 60
76 – 20	92 – 20	63 – 20	87 – 20	76 – 70
76 – 30	92 – 30	65 – 30	85 – 40	84 – 80
76 – 40	92 – 60	67 – 40	83 – 60	93 – 90
76 – 50	92 – 50	68 – 50	81 – 80	100 – 100

f) Welche Aufgaben passen nicht in das Muster? Ändere sie.

5
a) 36 + 30	b) 78 + 20	c) 69 + 30	d) 47 + 40	e) 84 + 20
36 – 30	78 – 20	69 – 30	47 – 40	84 – 20
45 + 20	82 + 10	56 + 40	53 + 30	61 + 40
45 – 20	82 – 10	56 – 40	53 – 30	61 – 40

6 7 16 21 23 25 39 58 64 65 66 72 83 87 92 96 98 99 101 104

6 a)

Wenn du erst 90 halbierst und dann minus 30 rechnest, erhältst du meine Zahl.

b)

Wenn du zu 53 erst plus 30 rechnest und dann minus 50, hast du meine Zahl.

c)

Wenn du von 87 zuerst minus 40 und danach minus 20 rechnest, erhältst du meine Zahl.

d) Schreibe auch eigene Rätsel.

1 Lege. Nimm weg. Rechne.

a)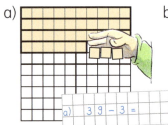

a) $39 - 3 =$

b)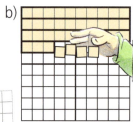

c)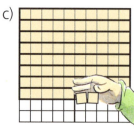

d)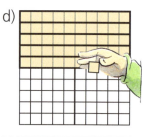

e)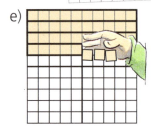

f)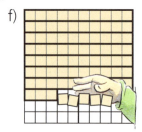

g)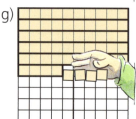

h)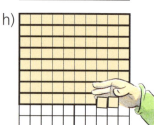

2 Lege. Nimm weg. Rechne.

a)	b)	c)	d)	e)
4 – 3	6 – 4	5 – 2	11 – 5	12 – 6
14 – 3	16 – 4	15 – 2	41 – 5	14 – 6
44 – 3	36 – 4	55 – 2	31 – 5	34 – 6
54 – 3	46 – 4	65 – 2	14 – 7	16 – 8
64 – 3	76 – 4	75 – 2	94 – 7	26 – 8
83 – 3	96 – 4	92 – 2	83 – 7	35 – 8

1 2 3 6 6 7 8 8 11 12 13 18 26 27 28 32 36 41 42 51 53 61 63 72 73 76 80 87 90 92

3
a)	b)	c)	d)	e)
19 – 7	36 – 4	69 – 4	55 – 6	18 – 9
29 – 7	37 – 5	79 – 4	65 – 6	48 – 9
38 – 7	38 – 6	88 – 6	74 – 6	47 – 9
58 – 7	39 – 8	98 – 6	22 – 7	12 – 4
88 – 7	29 – 8	38 – 5	92 – 7	52 – 4
98 – 7	29 – 6	18 – 5	45 – 7	83 – 4

8 9 12 13 15 21 22 23 31 31 32 32 32 33 38 38 39 48 49 51 59 65 68 75 79 81 82 85 91 92

4 Welche Fragen passen?

Im Bus sitzen 39 Personen.
Am Bahnhof steigen acht Personen aus.

A An welcher Haltestelle steht der Bus?

B Wie viele Personen sitzen noch im Bus?

C Wie heißt der Busfahrer?

D Wie viele Sitzplätze werden frei?

3 Material legen. 4 Diff.: Zu jeder passenden Frage eine Rechnung und eine Antwort finden.

1 Lege. Nimm weg. Rechne.

a)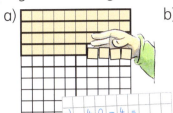

a) 4 0 – 4 =

b)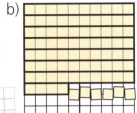

c)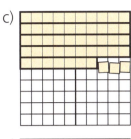

d)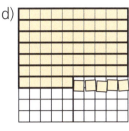

e)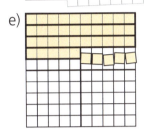

f)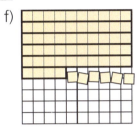

g)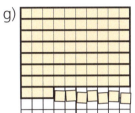

h)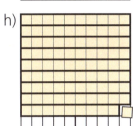

2 Lege. Nimm weg. Rechne.

a)	b)	c)	d)	e)
10 – 3	50 – 1	10 – 1	60 – 4	30 – 6
20 – 3	50 – 2	20 – 2	60 – 5	80 – 4
30 – 3	50 – 3	30 – 3	60 – 6	20 – 5
40 – 3	50 – 4	40 – 4	60 – 7	70 – 7
50 – 3	50 – 5	50 – 5	60 – 8	70 – 5
60 – 3	50 – 6	60 – 6	60 – 9	90 – 9

7 9 15 17 18 24 27 27 36 37 44 45 45 46 47 47 48 49 51 52 53 54 54 55 56 57 63 65 76 81

3

a)	b)	c)	d)	e)
30 – 4	70 – 3	90 – 2	30 – 15	70 – 18
60 – 4	80 – 4	80 – 3	80 – 15	70 – 24
90 – 4	70 – 5	40 – 4	40 – 15	70 – 36
90 – 5	50 – 6	30 – 2	70 – 25	80 – 21
60 – 5	70 – 7	40 – 6	80 – 25	80 – 46
30 – 5	90 – 8	70 – 9	100 – 25	80 – 49

15 25 25 26 28 31 34 34 34 36 44 45 46 52 55 55 56 59 61 63 65 65 67 75 76 77 82 85 86 88

4 Findet passende Fragen.

Der Bus hat 30 Sitzplätze.

a) Im Bus sind 28 Kinder.
   5 steigen aus.

b) An der nächsten Haltestelle
   steigen wieder Kinder aus.
   20 Kinder fahren weiter.

4 Diff.: Zu jeder Frage eine Rechnung und eine Antwort finden.

1

Wie viele Flaschen passen noch hinein?

$$16 + \_\_\_ = 20$$

Es passen noch
___ Flaschen in die Kiste.

2 Lege und ergänze zur nächsten Zehnerzahl.

a)

a)   2 7 +   = 3 0

b)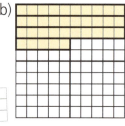

c)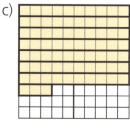

d)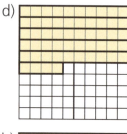

e)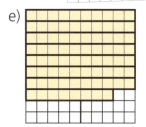

f)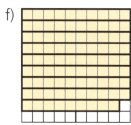

g)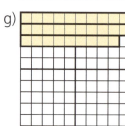

h)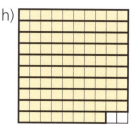

3 Ergänze zur nächsten Zehnerzahl.

a) 68   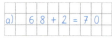 a)   6 8 + 2 = 7 0

b) 17

c) 33

d) 55

e) 77

f) 92

g) 21   h) 32   i) 73   j) 56   k) 94   l) 83

4
a) 15 + _3_ = 18
11 + ___ = 18
16 + ___ = 18

12 + ___ = 18
14 + ___ = 18
17 + ___ = 18

b) 23 + ___ = 29
24 + ___ = 29
25 + ___ = 29

26 + ___ = 29
27 + ___ = 29
29 + ___ = 29

c) 78 + ___ = 78
76 + ___ = 77
74 + ___ = 76

72 + ___ = 75
70 + ___ = 74
71 + ___ = 73

d) 83 + ___ = 85
81 + ___ = 87
84 + ___ = 86

86 + ___ = 89
82 + ___ = 86
87 + ___ = 89

5
a) Wenn du zu meiner Zahl plus sieben rechnest, erhältst du 50.

b) Wenn du zu meiner Zahl plus acht rechnest, erhältst du 100.

c) Wenn du zu meiner Zahl plus neun rechnest, erhältst du 99.

2 bis **4** Material legen.

1

Gleichung   Ungleichung

$27 + \_\_\_ = 30$ $27 + \_\_\_ < 30$

0 1 2 3 4 5

Probiert aus, welche Zahlen passen.

Was fällt euch auf?

2 Schreibe nur die passenden Zahlen auf.

a) $26 + \_\_\_ = 30$
b) $26 + \_\_\_ < 30$

a) 4
b) 0, 1, 2, 3

Lösungszahlen

c) $48 + \_\_\_ = 50$
d) $48 + \_\_\_ < 50$

e) $63 + \_\_\_ = 70$
f) $63 + \_\_\_ < 70$

3 Kleiner als …

a) $70 + \_\_\_ < 72$
b) $20 + \_\_\_ < 23$

c) $24 + \_\_\_ < 30$
d) $36 + \_\_\_ < 40$

e) $75 + \_\_\_ < 78$
f) $33 + \_\_\_ < 39$

g) $30 + \_\_\_ < 38$
h) $71 + \_\_\_ < 79$

4 Größer als …

a) $24 - \_\_\_ > 21$
b) $67 - \_\_\_ > 66$

c) $54 - \_\_\_ > 50$
d) $92 - \_\_\_ > 90$

e) $39 - \_\_\_ > 33$
f) $44 - \_\_\_ > 41$

g) $70 - \_\_\_ > 68$
h) $30 - \_\_\_ > 27$

Plus oder minus

5
a) $38 + 20$
$47 + 30$
$16 + 40$

b) $42 - 20$
$56 - 30$
$85 - 40$

c) $50 + 17$
$20 + 32$
$60 + 29$

d) $66 - 50$
$83 - 20$
$98 - 60$

e) $19 + 60$
$34 + 50$
$44 + 30$

16 22 26 38 45 52 56 58 63 67 74 77 79 84 89

6
a) $23 + 5$
$57 + 2$
$34 + 4$

b) $67 - 5$
$45 - 2$
$89 - 4$

c) $12 + 7$
$36 + 2$
$67 + 3$

d) $38 - 7$
$77 - 5$
$43 - 3$

e) $74 - 2$
$65 - 3$
$28 - 4$

19 24 28 31 38 38 40 43 59 62 62 70 72 72 85

7
a) $80 + 3$
$80 - 3$

b) $65 + 5$
$65 - 5$

c) $76 + 4$
$76 - 4$

d) $24 + 3$
$24 - 3$

e) $70 + 6$
$70 - 6$

8
a)
$22 + \_\_\_ = 22$
$22 + \_\_\_ = 24$
$22 + \_\_\_ = 26$
$\_\_\_ + \_\_\_ = \_\_\_$

b)
$30 + \_\_\_ = 38$
$32 + \_\_\_ = 38$
$34 + \_\_\_ = 38$
$\_\_\_ + \_\_\_ = \_\_\_$

c)
$57 + \_\_\_ = 60$
$56 + \_\_\_ = 58$
$55 + \_\_\_ = 56$
$\_\_\_ + \_\_\_ = \_\_\_$

d)
$75 + \_\_\_ = 77$
$76 + \_\_\_ = 79$
$77 + \_\_\_ = 81$
$\_\_\_ + \_\_\_ = \_\_\_$

Starke Päckchen

1 Die ganze linke Seite der Gleichung/Ungleichung mit der rechten vergleichen. Feststellen, dass Ungleichungen mehrere Lösungen haben können.
2 bis **4** Nur die Lösungszahlen aufschreiben.

1 Die Klasse 2 a hat ihre Getränkebestellung in einer **Tabelle** notiert.

Kakao	ЦⅢ Ⅲ	8
Milch	ⅠⅠⅠⅠ	4
Erdbeermilch	ⅠⅠⅠ	3
Mineralwasser	ⅠⅠ	2
Apfelsaft	ЦⅢ ⅠⅠⅠⅠ	9

a) Wie viele Kinder bestellen Milch?

b) Welches Getränk bestellen die meisten Kinder?

c) Welches Getränk bestellen drei Kinder?

d) Wie viele Kinder bestellen Kakao?

e) Welches Getränk bestellen die wenigsten Kinder?

f) Wie viele Kinder in der Klasse 2 a bestellen ein Getränk?

g) Findet weitere Fragen.

2 Die Klasse 2 b hat zu ihrer Getränkebestellung ein **Diagramm** erstellt.

Für jedes bestellte Getränk ein Kästchen.

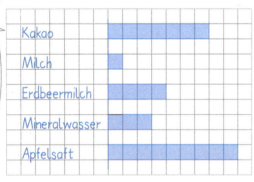

a) Wie viele Kinder bestellen Apfelsaft?

b) Welches Getränk bestellen vier Kinder?

c) Welches Getränk bestellen die wenigsten Kinder?

d) Welches Getränk bestellen die meisten Kinder?

e) Wie viele Kinder bestellen ein Getränk?

3 Das ist die Getränkebestellung der Klasse 2 c. Zeichnet ein Diagramm dazu.

Kakao	7
Milch	2
Erdbeermilch	5
Mineralwasser	3
Apfelsaft	10

③ Kakao ☐☐☐☐☐ ☐ ein Getränk
Milch
Erdbeermilch

4 Welche Getränke würde eure Klasse bestellen? Fragt nach und erstellt ein Diagramm dazu.

W

5

51	52	53	55	56	58
61	62	63	65	66	68
71	72	73	75	76	78

Begriffe „Tabelle" und „Diagramm" klären. Unterschiede der Darstellung herausarbeiten.
1 Daten der Tabelle entnehmen. g) Fragen im Heft notieren. Verschiedene Möglichkeiten. **2** Daten dem Diagramm entnehmen.
3 Tabelle auf ein Diagramm übertragen. **4** Klassenabfrage: Getränkebestellung der eigenen Klasse darstellen und auswerten.

6 Die Klassen 2a und 2b nannten ihre Lieblingsbeschäftigung in der Pause.

a) Erstellt eine Tabelle dazu.

b) Findet passende Fragen.

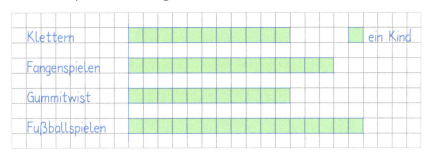

7 Die Mädchen und Jungen der Klassen 2c und 2d nannten auch ihre Lieblingsbeschäftigung in der Pause.

a) Erstellt eine Tabelle dazu.

b) Findet passende Fragen.

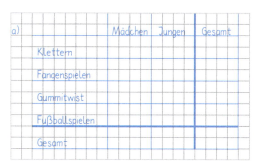

8 Welche Lieblingsbeschäftigung in der Pause würde eure Klasse wählen? Fragt nach und erstellt eine Tabelle und ein Diagramm dazu.

9 Die Kinder der Klasse 2a sind alle in einem Sportverein. Sechs Kinder sind sogar in zwei Vereinen. Kein Kind ist in drei Sportvereinen. Wie viele Kinder sind in der Klasse 2a?

10 Sieben Kinder der Klasse 2d haben kein Haustier. Drei Kinder haben zwei Tiere. Niemand hat drei Tiere. Wie viele Kinder sind in der Klasse 2d?

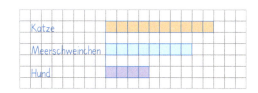

11

28	39	46	48	58	59
62	63	64	66	69	73
74	75	76	80	81	82

W

6 und **7** Kopiervorlagen nutzen. Diagramm in eine Tabelle übertragen. **6** b) und **7** b) Fragen im Heft notieren.
8 Klassenabfrage. **9** und **10** Evtl. Material legen.

1  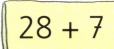 28 + 7

Wie rechnest du?

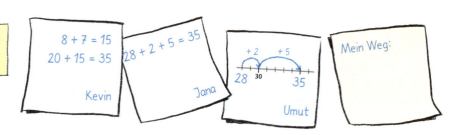

8 + 7 = 15
20 + 15 = 35
Kevin

28 + 2 + 5 = 35
Jana

+2   +5
28 30   35
Umut

Mein Weg:

0   5   10   15   20   25   30   35   40   45

2 Lege Zehnerstangen und Einzelne auf das Hunderterfeld. Rechne.

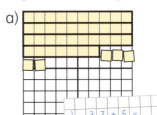
a)   3 7 + 5 =

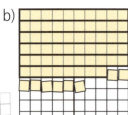
b)

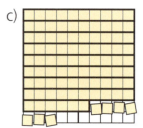
c)

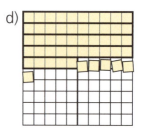
d)

3 Rechne auf deinem Weg.

starke
Päckchen
2

a)	b)	c)	d)	e)
6 + 8	3 + 9	5 + 7	5 + 8	7 + 4
16 + 8	13 + 9	15 + 7	35 + 8	17 + 4
26 + 8	23 + 9	25 + 7	56 + 9	38 + 4
36 + 8	84 + 9	17 + 5	67 + 8	68 + 4
56 + 8	74 + 9	37 + 5	87 + 8	78 + 4
46 + 8	64 + 9	57 + 5	77 + 8	58 + 4

4

a)	b)	c)	d)	e)
79 + 5	64 + 8	68 + 9	67 + 6	38 + 12
83 + 8	39 + 7	74 + 8	49 + 5	75 + 25
38 + 4	54 + 9	25 + 6	26 + 7	49 + 21
57 + 6	29 + 9	48 + 5	63 + 8	27 + 16
87 + 5	76 + 5	29 + 8	85 + 8	66 + 17
37 + 8	36 + 5	79 + 8	75 + 8	38 + 27

31 33 37 38 41 42 43 45 46 50 53 54 63 63 65 70 71 72 73 77 81 82 83 83 84 87 91 92 93 100

5 Triffst du genau die **100**? Vermute erst. Begründe.

a) Start 30
30 + 20 = 50
50 + 20 = 70
70 +
Immer plus 20.

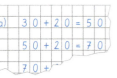
b) Start 50
Immer plus 5.

c) Start 60
Immer plus 8.

d) Start 40
Immer plus 9.

e) Finde weitere Aufgabenmuster, die genau zur 100 führen.

1 Rechenkonferenz: Rechenwege vergleichen. Am Zahlenstrahl orientieren.

1

$67 - 9$

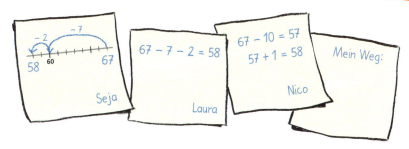

Wie rechnest du?

Seja

Laura

Nico

67 – 7 – 2 = 58

67 – 10 = 57
57 + 1 = 58

Mein Weg:

55	**60**	65	**70**	75	**80**	85	**90**	95	**100**

2 Lege Zehnerstangen und Einzelne auf das Hunderterfeld. Nimm weg. Rechne.

a) 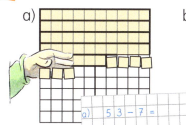   a) 5 3 – 7 =

b)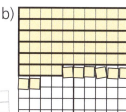

c)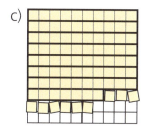

d)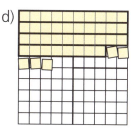

3 Rechne auf deinem Weg.

a) 15 – 6
35 – 6
55 – 6

75 – 6
95 – 6
45 – 6

b) 17 – 9
77 – 9
57 – 9

36 – 9
16 – 9
26 – 9

c) 14 – 8
84 – 8
74 – 8

75 – 8
95 – 8
35 – 8

d) 13 – 6
93 – 6
83 – 6

82 – 8
92 – 8
22 – 8

e) 16 – 7
26 – 7
76 – 7

13 – 5
33 – 5
93 – 5

4 a) 14 – 5
14 – 6
14 – 7

25 – 9
25 – 8
25 – 7

b) 51 – 2
51 – 3
51 – 4

73 – 8
73 – 6
73 – 4

c) 43 – 7
43 – 5
43 – 8

34 – 9
34 – 7
34 – 5

d) 12 – 4
92 – 6
32 – 8

16 – 7
76 – 8
46 – 9

e) 47 – 19
32 – 17
85 – 16

83 – 28
56 – 27
64 – 29

7 8 8 9 9 15 16 17 18 24 25 27 28 29 29 35 35 36 37 38 47 48 49 55 65 67 68 69 69 86

5 Triffst du genau die **Null**? Vermute erst. Begründe.

a)  Start 20
Immer minus 5.

a) 2 0 – 5 = 1 5
1 5 – 5 = 1 0
1 0

b)  Start 71
Immer minus 10.

c)  Start 23
Immer minus 2.

d) Start 55
Immer minus 11.

e) Finde weitere Aufgabenmuster, die genau zur Null führen.

1 Rechenwege vergleichen. Am Zahlenstrahl orientieren. **5** Jeweils immer die gleiche Zahl subtrahieren.

1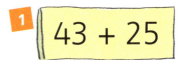

Mein Weg:

40 + 20 = 60
3 + 5 = 8
60 + 8 = 68

Mehmet

43 + 5 = 48
48 + 20 = 68

Leon

Sina

2 Rechne auf deinem Weg.

a) 15 + 4	b) 11 + 8	c) 14 + 3	d) 16 + 2	e) 13 + 5
15 + 14	11 + 18	15 + 13	26 + 12	24 + 13
15 + 24	11 + 28	16 + 23	36 + 22	35 + 24
15 + 34	11 + 38	27 + 21	37 + 22	46 + 33
15 + 44	11 + 48	28 + 31	47 + 32	57 + 32
15 + 54	11 + 68	29 + 41	47 + 42	68 + 21

3

a) 51 + 8	b) 45 + 3	c) 55 + 1	d) 63 + 31	e) 27 + 33
51 + 18	45 + 33	55 + 21	62 + 31	47 + 34
62 + 13	13 + 14	42 + 42	62 + 35	39 + 43
72 + 26	15 + 21	32 + 63	46 + 12	67 + 27
43 + 56	73 + 12	31 + 46	44 + 12	57 + 15
24 + 62	65 + 23	43 + 34	42 + 12	14 + 48

27 36 48 54 56 56 58 59 60 62 69 72 75 76 77 77 78 81 82 84 85 86 88 93 94 94 95 97 98 99

4 Setze fort.

a)
23 + 5
23 + 15
23 + 25
23 + __

b)
34 + 3
34 + 13
34 + 23
34 + __

c)
86 + 12
76 + 12
66 + 12
56 + __

d)
45 + 21
45 + 22
45 + 23
45 + __

e)
61 + __
62 + __
63 + __
64 + __

f) Welches Päckchen beschreibt Lukas?

„Die erste Zahl wird immer um 10 kleiner.
Die zweite Zahl bleibt immer gleich.
Deshalb wird das Ergebnis immer um 10 kleiner."

 g) Sucht andere Päckchen aus. Beschreibt sie euch gegenseitig.

W

5  63 46 58 ✚ 10 20 30 2 4 7

48	50	53	56	60	62
65	65	66	67	68	70
73	76	78	83	88	90

1 Rechenwege vergleichen. **4** e) Offene Aufgaben.

1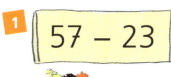

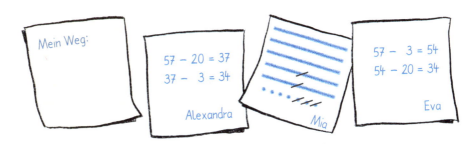

Mein Weg:

Alexandra
57 – 20 = 37
37 – 3 = 34

Mia

Eva
57 – 3 = 54
54 – 20 = 34

2 Rechne auf deinem Weg.

a) 25 – 4
35 – 14
55 – 14

26 – 24
36 – 24
88 – 24

b) 38 – 2
48 – 12
68 – 12

28 – 23
57 – 23
46 – 23

c) 67 – 5
67 – 25
67 – 45

77 – 16
97 – 26
97 – 46

d) 79 – 8
79 – 28
79 – 48

65 – 33
78 – 24
99 – 46

e) 54 – 8
54 – 28
54 – 29

62 – 38
74 – 49
83 – 55

2 5 12 21 21 22 23 24 25 25 26 28 31 32 34 36 36 41 42 46 51 51 53 54 56 61 62 64 71 71

3
a) 56 – 4
56 – 14
66 – 12

76 – 25
47 – 35
88 – 62

b) 45 – 3
45 – 23
26 – 14

55 – 21
73 – 12
65 – 24

c) 87 – 2
87 – 32
76 – 44

69 – 45
68 – 26
46 – 34

d) 64 – 32
63 – 32
63 – 31

76 – 12
74 – 12
72 – 12

e) 34 – 24
54 – 25
43 – 34

85 – 27
75 – 18
64 – 39

9 10 12 12 12 22 24 25 26 29 31 32 32 32 34 41 42 42 42 51 52 54 55 57 58 60 61 62 64 85

4 Setze fort.

a)
87 – 4
87 – 14
87 – 24
87 – ___

b)
69 – 7
69 – 17
69 – 27
69 – ___

c)
86 – 15
76 – 15
66 – 15
56 – ___

d)
65 – 15
65 – 14
65 – 13
65 – ___

e)
78 – ___
76 – ___
74 – ___
72 – ___

f) Welches Päckchen beschreibt Milla?

„Die erste Zahl bleibt immer gleich.
Die zweite Zahl wird immer um 10 größer.
Deshalb wird das Ergebnis immer um 10 kleiner."

g) Sucht andere Päckchen aus. Beschreibt sie euch gegenseitig.

5
a) 27 – 15
47 – 15

b) 68 – 34
68 – 44

c) 79 – 28
89 – 28

d) 55 – 13
58 – 16

e) 96 – 75
98 – 77

1 Eigene und dargestellte Rechenwege vergleichen. **4** e) Offene Aufgaben. f) Zwei Möglichkeiten.

1

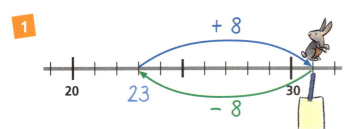

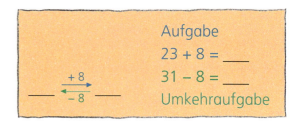

Aufgabe
23 + 8 = ____
31 − 8 = ____
Umkehraufgabe

2 Rechne Aufgabe und Umkehraufgabe.

a) 52 $\xrightleftharpoons[-6]{+6}$ ____

a) 5 2 + 6 = 5 8
5 8 − 6 = 5 2

b) 78 $\xrightleftharpoons[-9]{+9}$ ____

c) 24 $\xrightleftharpoons[-8]{+8}$ ____

d) 91 $\xrightleftharpoons[-3]{+3}$ ____

e) 44 $\xrightleftharpoons[-5]{+5}$ ____

f) 48 $\xrightleftharpoons[-3]{+3}$ ____

g) 76 $\xrightleftharpoons[-7]{+7}$ ____

🐝h) 64 $\xrightleftharpoons[-5]{+5}$ ____

🐝i) 35 $\xrightleftharpoons[-8]{+8}$ ____

 3 a) ____ $\xrightleftharpoons[-9]{+9}$ 22

b) ____ $\xrightleftharpoons[-7]{+7}$ 35

c) ____ $\xrightleftharpoons[-4]{+4}$ 52

d) ____ $\xrightleftharpoons[-6]{+6}$ 81

e) ____ $\xrightleftharpoons[-8]{+8}$ 73

4 Rechne. Prüfe mit der Umkehraufgabe.

a) 53 − 7
35 − 9
82 − 4

a) 5 3 − 7 =
  + 7 =

74 − 6
43 − 5
66 − 8

b) 36 + 7
91 + 5
24 + 6

45 + 8
57 + 9
78 + 4

🐝c) 24 − 5
68 − 6
23 − 6

75 − 9
86 − 7
32 − 8

🐝d) 13 + 8
45 + 9
73 + 7

32 + 6
68 + 5
29 + 4

5 Wer ist wer?

Lies genau.
Ordne zuerst
das zu, was
eindeutig ist.

Seda ist 8 Jahre alt.
Marie ist blond.
Lia hat langes Haar.
Seda trägt einen Zopf.

A   B   C

6 Welches Tier gehört wem? Lies genau.

Bello   Tiger   Hoppel

Bello gehört Ole.
Tiger ist grau gestreift.
Lottas Tier hat braunes Fell.
Gretas Tier hat vier Beine.
Lotta hat ein Kaninchen.

1 bis 4 Umkehraufgabe als Probe identifizieren. 5 und 6 Logicals. Texte sind überbestimmt.

1 Wie musst du rechnen?

a)

+	5	6	7
12 →	17	18	19
13	18	19	

b)

+	20	30	40
27			
28			

c)

+	6	8	9
35			
37			

2 a)

–	5	6	8	
46 →	○	○	○ ○	○
49				

(46 – 5)

b)

–	20	30	10
54			
63			

c)

–	21	22	23
34			
56			

3 # Ergebnisjagd

Wer sammelt die meisten Ergebnisse?

1. Setze einen Stein auf ein freies Feld in der Rechentafel. Rechne.
2. Setze einen anderen Stein auf das passende Ergebnisfeld.
3. Steht ein Stein deines Mitspielers dort, darfst du ihn hinauswerfen.

Die 28 gehört jetzt mir.

4. Sieger ist, wer am Ende die meisten Ergebnisfelder besetzt hat.

Rechentafel

+	4	5	6
23			
24			
25			

Ergebnisfelder

27   28   29   30   31

4

+	4	5	6
36			
37			
38			

 Rechen-konferenz

a) Rechnet.
b) Auf welches Feld würdet ihr euren ersten Stein setzen? Begründet.

W

5  24 45 37 + 3 5 7 40 42 32

27	29	31		40	42	44
48	50	52		56	64	66
69	77	77		79	85	87

Die Klasse 2 b wünscht sich für die Pause neue Spiele. Sie darf 60 € ausgeben.

3 €

7 €

22 €

12 €

16 €

9 €

1 Kannst du die **Fragen** beantworten? Schreibe **ja** oder **nein**.

A Wie viel Geld kann die Klasse 2 b ausgeben?

B Welche Spiele möchte die 2 a haben?

C Wie teuer ist ein Pedalo?

D Wie viel kosten zwei Reifen?

E Wie viel Geld darf die Klasse 2 c ausgeben?

F Reicht das Geld für zwei Paar Stelzen?

G Wie teuer ist ein Jojo?

H Wie viele Kinder sind in der Klasse 2 a?

2 Welche **Antwort** passt? Rechne und schreibe sie ins Heft.

a) Die Klasse 2 c darf 20 € ausgeben. Sie kauft ein Paar Stelzen. Wie viel Geld bleibt übrig?

20 € – 12 € = ___ €

A Der Einkauf kostet ___ €.

B Es sind noch ___ € übrig.

C Die Klasse 2 c kauft _____.

b) In der Turnhalle der Südschule gibt es 22 Fußbälle und in der Pausenkiste liegen neun. Wie viele Fußbälle sind es insgesamt?

22 + 9 = ___

A Es sind insgesamt ___ Handbälle.

B Die Südschule benötigt noch ___ Fußbälle.

C Es sind insgesamt ___ Fußbälle.

3 Schreibe die **Frage. Rechne** und **antworte**.

a) Die Klasse 2 a kauft ein Pedalo und einen Reifen. Wie viel muss sie bezahlen?

b) Die Klasse 2 b hat 31 €. Sie kauft einen Tischtennisschläger. Wie viel Geld bleibt übrig?

c) Die Mosaikschule hatte 30 Bälle. Jetzt sind es nur noch neun. Wie viele Bälle fehlen?

🐬 d) Die Klasse 2 c hat 29 €. Sie möchte einen Ball und ein Pedalo kaufen. Reicht das Geld?

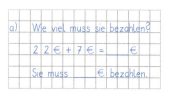

a) Wie viel muss sie bezahlen?
    2 2 € + 7 € = ___ €
    Sie muss ___ € bezahlen.

3 Frage, Rechnung und Antwort im Heft notieren.

1

Ich habe 24 Steckwürfel.

Ich sehe doppelt so viele.

2 Verdoppele deine Lieblingszahlen.
Lege und rechne.

Meine Lieblingszahl ist 12.

| 1 | 2 | + | 1 | 2 | = | 2 | 4 | |

3 Verdoppele.

a) 4 + 4 = ___   b) 9 + 9 = ___   c) 20 + 20 = ___   d) 23 + 23 = ___
   5 + 5 = ___   10 + 10 = ___   21 + 21 = ___   24 + 24 = ___
   6 + 6 = ___   11 + 11 = ___   45 + 45 = ___   25 + 25 = ___
   7 + 7 = ___   12 + 12 = ___   33 + 33 = ___   35 + 35 = ___
   8 + 8 = ___   13 + 13 = ___   42 + 42 = ___   43 + 43 = ___

4 Halbiere die Zehnerzahlen. Was stellst du fest?

Forschungs-auftrag

a) 10 = ___ + ___   b) 20 = ___ + ___   c) 30 = ___ + ___   d) 40 = ___ + ___

Setze fort.

5 Halbiere.

a) 4 = _2_ + ___   b) 14 = ___ + ___   c) 60 = ___ + ___   d) 42 = ___ + ___
   6 = ___ + ___   16 = ___ + ___   70 = ___ + ___   48 = ___ + ___
   8 = ___ + ___   20 = ___ + ___   80 = ___ + ___   50 = ___ + ___
  10 = ___ + ___   22 = ___ + ___   90 = ___ + ___   62 = ___ + ___
  12 = ___ + ___   24 = ___ + ___   100 = ___ + ___   66 = ___ + ___

6  Kann das stimmen?

b) „Das Doppelte von 37 ist 75."

a) „Die Hälfte von 88 ist 44."

c) „28 ist die Hälfte von 59."

1 Mit dem Spiegel verdoppeln und prüfen.

1

A Schuhkarton

B Milchtüte

C Spielwürfel

D Laterne

E Fußball

Quader

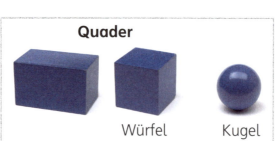
Würfel   Kugel

F Ziegelstein

G Schwamm

a) Beschreibt die Gegenstände und ordnet sie zu.

b) Legt eine Tabelle an.

b)	Quader	Würfel	Kugel
	A,		

c) Bringt selbst Gegenstände mit und sortiert sie.

H Zettelblock

I Computer

J Schrank

2 Baut die Körper mit Knetmasse nach.

3 Kann das stimmen?

Fläche   Ecke   Kante

a) „Eine Kugel hat keine Ecken und Kanten."

b) „Ein Würfel hat zehn Flächen."

c) „Ein Quader kann rollen."

d) „Ein Würfel kann kippen."

e) „Ein Würfel hat mehr Ecken als ein Quader."

f) „Ein Quader hat sechs Flächen."

g) „Ein Würfel hat vier Ecken."

h) „Bei einem Würfel sind alle Flächen gleich groß."

1 Gegenstände aus der Umwelt ihren geometrischen Körperformen zuordnen. Der Würfel ist auch ein Quader. **3** Diff.: Eigene Aufgaben finden.

1

Ordne die Bilder
den Kindern zu.

A	Florian
.	
B	

2 Baue nach. Von welcher Seite sind die Ansichten gezeichnet?

a)
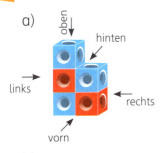

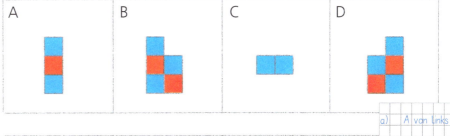

a)	A	von links

b)

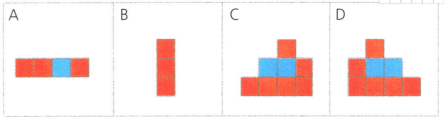

c)
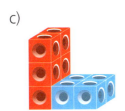

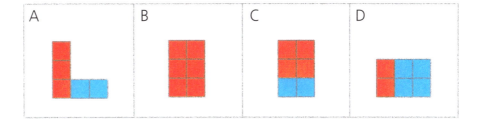

 3

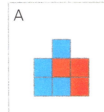
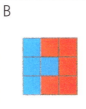
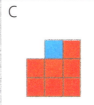
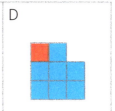

2 Diff.: Eigene Figuren bauen und Ansichten zeichnen.

1 a) Baut und rechnet.

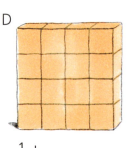
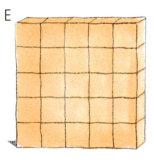

A   B   C   D   E

1   1 + 3   1 + 3 + ___   1 + _____   1 + _____   Setzt fort.

b) Gibt es eine solche Mauer aus genau 100 Würfeln?
Vermutet. Überprüft.

2 a) Baut die Mauern. Wie viele Würfel braucht ihr jeweils?

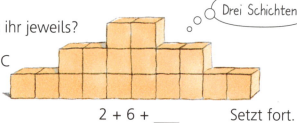

Drei Schichten

A   B   C

2   2 + 6   2 + 6 + ___   Setzt fort.

b) Wie viele Würfel werden es bei sieben Schichten sein? Rechnet.

W

3 Finde eine passende Frage. Rechne und antworte.

a) Die Kindergartengruppe „Sonnenschein" hatte gestern 50 Bauklötze.
Jetzt sind es nur noch 42.

b) Die Sterngruppe hat 58 Bauklötze.
Sie will noch 7 kaufen.

c) Die Regenbogengruppe braucht 60 Bauklötze.
53 hat sie schon.

d) Die Löwenzahngruppe braucht 70 Bauklötze.
30 hat sie schon, 25 leiht sie sich von der Sterngruppe.

4 Halbiere die Zahlen.

a) 24   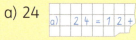   b) 40   c) 44   d) 50   e) 70   f) 90   g) 74   h) 96

5
a)	b)	c)	d)	e)
37 − 4	52 + 6	78 − 6	23 + 5	55 − 7
37 − 14	52 + 16	78 − 26	43 + 35	55 − 37
37 − 5	52 + 5	69 − 7	65 + 4	72 − 4
37 − 35	52 + 35	69 − 47	35 + 44	72 − 44

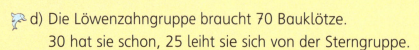

2 18 22 23 28 28 32 33 48 52 57 58 62 68 68 69 72 78 79 87

1 und **2** Rechnerisch fortsetzen, sobald die Regel für die Ergebnisfolge gefunden ist.
3 a) Alternativ: Subtrahieren.

1 Wie kannst du hier geschickt rechnen? Erkläre.

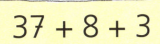 37 + 8 + 3

 Rechen-konferenz

40 + 8 = 48	37 + 3 + 8 = 40 + 8 = 48	37 + 3 = 40
Marie	Alexander	40 + 8 = 48
		Jasmin

2
a) 5 + 8 + 5
7 + 5 + 3
6 + 9 + 4

b) 38 + 6 + 2
26 + 7 + 4
49 + 5 + 1

c) 57 + 6 + 3
24 + 9 + 6
42 + 7 + 8

d) 24 + 17 + 16
33 + 28 + 27
18 + 49 + 32

3
a) 42 − 5 − 5
48 − 3 − 7

b) 53 − 4 − 6
62 − 7 − 3

c) 74 − 18 − 2
85 − 27 − 3

d) 63 − 27 − 23
56 − 18 − 22

4
a) 45 − 7 + 5
43 − 8 + 7

b) 76 − 9 + 4
34 − 5 + 6

c) 22 − 6 + 8
97 − 8 + 3

d) 75 − 16 + 25
84 − 37 + 16

5

 Gibt es hier etwas zu rechnen?

a) 18 + 6 − 6
23 + 9 − 9
77 + 5 − 5

b) 34 + 8 − 7
45 + 9 − 8
26 + 7 − 6

c) 56 + 25 − 24
32 + 19 − 19
65 + 27 − 26

W

6 Setze die Zahlenfolgen fort. Schreibe jeweils die Regel auf.
a) 48, 42, 36, …

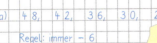 a) 48, 42, 36, 30, 2 Regel: immer − 6

b) 20, 24, 28, …

c) 30, 27, 24, …

d) 15, 20, 25, …

e) 56, 49, 42, …

f) 18, 27, 36, …

7 Schreibe Zahlenfolgen zu den Regeln. Starte immer bei 70.
a) immer + 3
b) immer − 5
c) immer + 2
d) immer − 10

8 In jeder Rechentafel sind vier Fehler. Prüfe und rechne richtig.

a)

+	7	20	44	53
30	37	50	64	83
42	47	62	86	93
25	32	45	49	78

a) 30 + 44 =

b)

−	5	30	14	53
65	55	35	51	13
87	82	37	73	34
76	71	46	52	23

c)

−	9	40	43	54
78	69	38	45	24
66	58	26	23	22
84	75	44	51	30

9 Viel zu rechnen. Immer das Gleiche.
a) 5 + 5 + 5
5 + 5 + 5 + 5
5 + 5 + 5 + 5 + 5
5 + 5 + 5 + 5 + 5 + 5

b) 3 + 3 + 3 + 3 + 3
2 + 2 + 2 + 2 + 2
4 + 4 + 4 + 4 + 4
9 + 9 + 9 + 9 + 9

 Geht das nicht kürzer?

10	20
15	25
15	30
20	45

1

5 + 5 + 5 + 5 = ___

4 · 5 = ___
4 mal 5 gleich ___

Heute!
Klassen–
fest
in der
2b

2 Welche Malaufgaben siehst du?

3 Sucht selbst Malaufgaben.

Rechengeschichten erzählen. Malaufgaben als verkürzte Plusaufgaben einführen.
2 Zeitlichen und räumlichen Aspekt der Multiplikation besprechen.
3 Selbst Malaufgaben suchen und evtl. ein Malaufgabenbuch anlegen.

4

a) $5 + 5 + 5 + 5 + 5 = $ ___
   $5 \cdot 5 = $ ___

b) $4 + $ ___ $ + $ ___ $ = $ ___
   ___ $\cdot\ 4 = $ ___

c) $2 + $ ___ $ + $ ___ $ + $ ___ $ + $ ___ $ = $ ___
   ___ $\cdot\ 2 = $ ___

d) ___ $ + $ ___ $ + $ ___ $ = $ ___
   ___ $\cdot$ ___ $ = $ ___

e) ___ $ + $ ___ $ + $ ___ $ + $ ___ $ + $ ___ $ = $ ___
   ___ $\cdot$ ___ $ = $ ___

f) ___ $ + $ ___ $ + $ ___ $ + $ ___ $ + $ ___ $ = $ ___
   ___ $\cdot$ ___ $ = $ ___

Schokoküsse

g) _____
   _____

WASSER

h) _____
   _____

1 Rechne Plusaufgaben und Malaufgaben.

a)
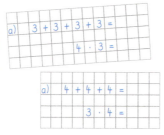

a) 3 + 3 + 3 + 3 =
4 · 3 =

a) 4 + 4 + 4 =
3 · 4 =

b)

c)
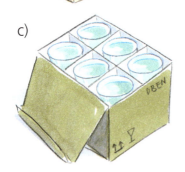

d)
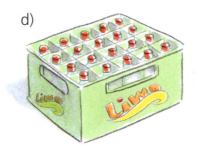

e)

2 Schreibe zu jedem Punktefeld eine Plusaufgabe und eine Malaufgabe.

a)

b)

c)

d)

e)

f)

g)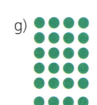

h)

3 Zeichne Punktefelder und rechne.

a) 2 · 7

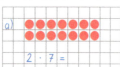

a)
2 · 7 =

b) 4 · 5

c) 3 · 5

d) 3 · 6

e) 6 · 3

f) 4 · 7

g) 6 · 4

h) 3 · 8

14 15 18 18 20 24 24 28

4 Schreibt passende Aufgaben und vergleicht.

a)

b)

c)

5 Zu welchen Aufgaben könnt ihr auch eine Malaufgabe schreiben? Untersucht und begründet.

a) 4 + 4 + 4 + 4 + 4

b) 5 + 5 + 5 + 5 + 4

c) 3 + 3 + 3 + 3 + 3 + 3

d) 6 + 6 + 6

e) 10 + 10

f) 4 + 2 + 2 + 2

g) 8 + 8 + 8 + 8 + 8 + 7

4 und **5** Diff.: Aufgaben auch ausrechnen.

1 Ich sehe 5 Reihen mit je 3 Steckwürfeln. Ich sehe 3 Reihen mit je 5. 3 · 5   5 · 3

Warum sind die Ergebnisse gleich?

2 Male und kreise ein. Rechne Aufgabe und Tauschaufgabe.

a)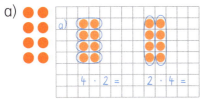
4 · 2 =   2 · 4 =

b)

c)

d)

e)

f)

g)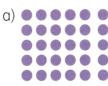

h)

3 Rechne Aufgabe und Tauschaufgabe.

a)   b)   c)

g)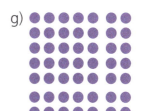

d)   e)    f)

4 Zeichne das Punktefeld. Rechne Aufgabe und Tauschaufgabe.

a) 3 · 6   b) 8 · 2   c) 5 · 4   d) 5 · 1   e) 3 · 5
f) 7 · 3   g) 4 · 7   h) 6 · 4   i) 6 · 9   j) 9 · 4

5 Rechne Aufgabe und Tauschaufgabe.

a)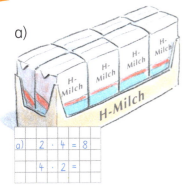
a)   2 · 4 = 8
     4 · 2 =

b)

c)

1 Tauschaufgaben thematisieren. Unterschiedliche Sichtweisen besprechen.

1 Rechnet und erklärt.

Nachbaraufgaben

4 · 5

___ · 5

2 Rechne die Plusaufgaben und die Malaufgaben.
Wie heißen die Aufgaben, wenn du eine Reihe dazulegst?

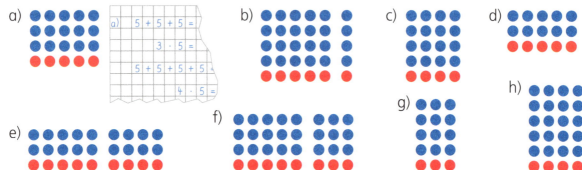

a)   b)   c)   d)

a) 5 + 5 + 5 =
   3 · 5 =
   5 + 5 + 5 + 5 =
   4 · 5 =

f)   g)   h)

e)

3 Rechnet und erklärt.

Nachbaraufgaben

4 · 4

___ · ___

Schokoküsse

Schokoküsse

4 Rechne die Malaufgaben. Schreibe auch die Plusaufgaben.
Wie heißen die Aufgaben, wenn du eine Reihe wegnimmst?

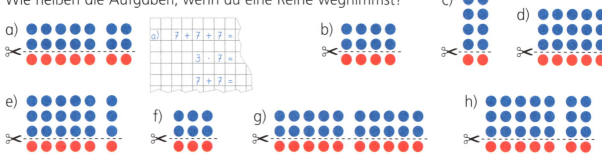

a)   b)   c)   d)

a) 7 + 7 + 7 =
   3 · 7 =
   7 + 7 =

e)   f)   g)   h)

Nachbaraufgaben verstehen durch fortgesetzte Addition:
Fünf wird einmal mehr addiert, also ist auch der Faktor beim Malnehmen um 1 größer.

1

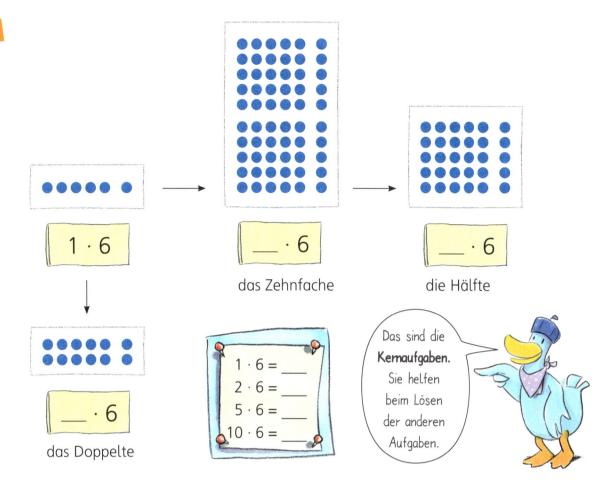

1 · 6

das Zehnfache

__ · 6

die Hälfte

__ · 6

__ · 6

das Doppelte

1 · 6 = ___
2 · 6 = ___
5 · 6 = ___
10 · 6 = ___

Das sind die **Kernaufgaben.** Sie helfen beim Lösen der anderen Aufgaben.

2 Immer das Doppelte.

a) 1 · 1   b) 1 · 2   c) 1 · 3   d) 1 · 4   e) 1 · 5   f) 1 · 8   g) 1 · 9
   2 · 1   2 · 2   2 · 3   2 · 4   2 · 5   2 · 8   2 · 9

3 Immer das Zehnfache.

a) 1 · 1   b) 1 · 10   c) 1 · 7   d) 1 · 3   e) 1 · 5   f) 1 · 2   g) 1 · 9
  10 · 1   10 · 10   10 · 7   10 · 3   10 · 5   10 · 2   10 · 9

4 Immer die Hälfte.

a) 10 · 1   b) 10 · 4   c) 10 · 10   d) 10 · 2   e) 10 · 8   f) 10 · 5   g) 10 · 3
    5 · 1   5 · 4   5 · 10   5 · 2   5 · 8   5 · 5   5 · 3

5 Rechne die Kernaufgaben.

a)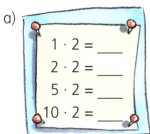

1 · 2 = ___
2 · 2 = ___
5 · 2 = ___
10 · 2 = ___

b)

1 · 3 = ___
2 · 3 = ___
5 · 3 = ___
10 · 3 = ___

6 Rechne eigene Kernaufgaben.

1 · ___ = ___
2 · ___ = ___
5 · ___ = ___
10 · ___ = ___

Kernaufgaben herleiten: das Zehnfache, die Hälfte, das Doppelte.
6 Offene Aufgabe: Selbst Kernaufgaben finden und lösen.

1

Erzähle und rechne.

2 a)

$$2 + 2 + 2 + 2 + 2$$
$$\underline{\quad} \cdot 2$$

b)

$$2 + 2 + 2 + 2$$
$$\underline{\quad} \cdot 2$$

c)

d)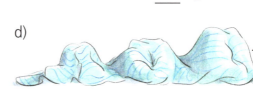

Wie viele Paare?

3 Wie viele einzelne Schuhe sind es?

a) 4 Paare   b) 6 Paare   c) 3 Paare

d) 7 Paare   e) 5 Paare   f) 2 Paare

g) 9 Paare   h) 10 Paare   i) 8 Paare

 j) 0 Paare   k) 11 Paare   l) 12 Paare

4 Kernaufgaben

$$1 \cdot 2 = \underline{\quad}$$
$$2 \cdot 2 = \underline{\quad}$$
$$5 \cdot 2 = \underline{\quad}$$
$$10 \cdot 2 = \underline{\quad}$$

5 $4 \cdot 2$

Wie rechnest du?

Rechen-konferenz

Mein Weg:

$2 + 2 + 2 + 2$
Tom

$2 \cdot 2$
$2 \cdot 2$
_____
$4 \cdot 2$ Jana

$5 \cdot 2$
$1 \cdot 2$
_____
$4 \cdot 2$ Emre

6 Von den Kernaufgaben zu den anderen Aufgaben.

a)	b)	c)	d)	e)	f)
$2 \cdot 2$	$5 \cdot 2$	$5 \cdot 2$	$5 \cdot 2$	$10 \cdot 2$	$10 \cdot 2$
$1 \cdot 2$	$1 \cdot 2$	$1 \cdot 2$	$2 \cdot 2$	$2 \cdot 2$	$1 \cdot 2$
$\mathbf{3} \cdot 2$	$\mathbf{4} \cdot 2$	$\mathbf{6} \cdot 2$	$\mathbf{7} \cdot 2$	$\mathbf{8} \cdot 2$	$\mathbf{9} \cdot 2$

Gerade Zahlen thematisieren. **5** Erst auf eigenem Weg rechnen. Verschiedene Lösungswege besprechen.
6 Einmaleinsaufgaben aus den Kernaufgaben herleiten.

1

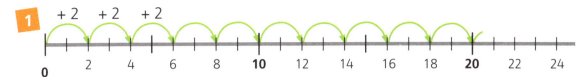

+2 +2 +2

0 2 4 6 8 **10** 12 14 16 18 **20** 22 24

a) 2 · 2   b) 6 · 2   c) 9 · 2   d) 7 · 2   e) 8 · 2   f) 4 · 2   🐬 g) 12 · 2
   3 · 2   5 · 2   10 · 2   5 · 2   10 · 2   5 · 2   11 · 2

2 Wie oft? Prüfe am Zahlenstrahl.

a) 10 = ___ · 2   b) 16 = ___ · 2   c) 18 = ___ · 2   🐬 d) 10 = ___ · 2   🐬 e) 20 = ___ · 2
   12 = ___ · 2   8 = ___ · 2   16 = ___ · 2   20 = ___ · 2   22 = ___ · 2
   14 = ___ · 2   4 = ___ · 2   14 = ___ · 2   40 = ___ · 2   24 = ___ · 2

3 a) ___ · 2 = 4   b) ___ · 2 = 8   c) ___ · 2 = 18   🐬 d) ___ · 2 = 6   🐬 e) ___ · 2 = 40
      ___ · 2 = 8   ___ · 2 = 10   ___ · 2 = 16   ___ · 2 = 12   ___ · 2 = 20
      ___ · 2 = 16   ___ · 2 = 12   ___ · 2 = 14   ___ · 2 = 24   ___ · 2 = 10

4 Wie viele Einzelne sind es jeweils?

5

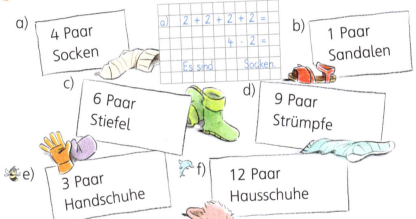

a)
4 Paar
Socken

a) 2 + 2 + 2 + 2 =
   4 · 2 =
Es sind ___ Socken.

b)
1 Paar
Sandalen

c)
6 Paar
Stiefel

d)
9 Paar
Strümpfe

🐝 e)
3 Paar
Handschuhe

🐬 f)
12 Paar
Hausschuhe

1 · 2 = ___
2 · 2 = ___
3 · 2 = ___
4 · 2 = ___
5 · 2 = ___
6 · 2 = ___
7 · 2 = ___
8 · 2 = ___
9 · 2 = ___
10 · 2 = ___

Übe immer wieder.

🐬 **6** < oder = oder >

a) 2 · 2 ⃝< 5   b) 4 · 2 ◯ 10   c) 11 · 2 ◯ 18   d) 6 · 2 ◯ 14
   3 · 2 ◯ 5   5 · 2 ◯ 10   7 · 2 ◯ 18   12 · 2 ◯ 14
   5 · 2 ◯ 5   6 · 2 ◯ 10   9 · 2 ◯ 18   8 · 2 ◯ 14
   1 · 2 ◯ 5   7 · 2 ◯ 10   10 · 2 ◯ 18   7 · 2 ◯ 14

W

7 a) 40 + 37   b) 30 + 26   c) 60 + 12   🐝 d) 20 + 64   🐝 e) 50 + 43
      42 + 37   33 + 26   65 + 12   23 + 64   57 + 43
      62 + 37   35 + 25   66 + 13   25 + 64   56 + 33
      62 + 34   55 + 25   76 + 13   26 + 53   66 + 23
      52 + 33   75 + 15   86 + 14   27 + 42   68 + 22

1

Wie viele Eier können es sein?

2 Löse die Kernaufgaben.

$1 \cdot 10 =$ ___
$2 \cdot 10 =$ ___
$5 \cdot 10 =$ ___
$10 \cdot 10 =$ ___

3
+ 10   + 10

0   50   100

Gehe in Zehnerschritten.   a) 10, 20, …, 100   b) 100, 90, …

4
a)	b)	c)	🐬 d)
$1 \cdot 10$	$2 \cdot 10$	$9 \cdot 10$	$9 \cdot 10$
$2 \cdot 10$	$4 \cdot 10$	$7 \cdot 10$	$10 \cdot 10$
$3 \cdot 10$	$6 \cdot 10$	$5 \cdot 10$	$11 \cdot 10$
$4 \cdot 10$	$8 \cdot 10$	$3 \cdot 10$	$12 \cdot 10$
$5 \cdot 10$	$10 \cdot 10$	$1 \cdot 10$	$20 \cdot 10$

5

$1 \cdot 10 =$ ___
$2 \cdot 10 =$ ___
$3 \cdot 10 =$ ___
$4 \cdot 10 =$ ___
$5 \cdot 10 =$ ___
$6 \cdot 10 =$ ___
$7 \cdot 10 =$ ___
$8 \cdot 10 =$ ___
$9 \cdot 10 =$ ___
$10 \cdot 10 =$ ___

6 Wie oft?

a)	b)	c)
$10 =$ ___ $\cdot 10$	$30 =$ ___ $\cdot 10$	$70 =$ ___ $\cdot 10$
$20 =$ ___ $\cdot 10$	$60 =$ ___ $\cdot 10$	$30 =$ ___ $\cdot 10$
$40 =$ ___ $\cdot 10$	$90 =$ ___ $\cdot 10$	$50 =$ ___ $\cdot 10$
$80 =$ ___ $\cdot 10$	$100 =$ ___ $\cdot 10$	$100 =$ ___ $\cdot 10$

7
a)	b)	c)	🐬 d)
___ $\cdot 10 = 10$	___ $\cdot 10 = 30$	___ $\cdot 10 = 50$	___ $\cdot 10 = 100$
___ $\cdot 10 = 20$	___ $\cdot 10 = 60$	___ $\cdot 10 = 70$	___ $\cdot 10 = 110$
___ $\cdot 10 = 40$	___ $\cdot 10 = 90$	___ $\cdot 10 = 80$	___ $\cdot 10 = 120$

8

WAFFELN
Grundrezept

500 g Butter, 10 Eier, 400 g Zucker, 1 kg Mehl, 3/4 l Milch

Wir backen Waffeln für das Schulfest.
Wie viele Eier werden jeweils verarbeitet?
Rechne und antworte.

a) Frau Schulz bringt die fünffache Menge Teig mit.
b) Herr Fuchs hat die siebenfache Menge Teig vorbereitet.
c) Monas Familie bereitet die vierfache Menge zu.
d) Frau Sommer hat die sechsfache Menge mitgebracht.

9

Frau Büschers Hühner haben 37 Eier gelegt.
Wie viele Zehnerkartons braucht sie?

3 a) Diff.: Beliebig weit fortsetzen, evtl. Kopiervorlage nutzen.
4 Zusammenhänge erarbeiten **5** Zum Üben und gegenseitigen Abfragen.

1

Erzähle. Rechne.

2 Wie viele Finger sind es?

a)

b)

c)

d)

3 Kernaufgaben

$1 \cdot 5 =$ ___
$2 \cdot 5 =$ ___
$5 \cdot 5 =$ ___
$10 \cdot 5 =$ ___

4 Von den Kernaufgaben zu den anderen Aufgaben.

a) $2 \cdot 5$	b) $5 \cdot 5$	c) $5 \cdot 5$	d) $5 \cdot 5$	e) $10 \cdot 5$	f) $10 \cdot 5$
$1 \cdot 5$	$1 \cdot 5$	$1 \cdot 5$	$2 \cdot 5$	$2 \cdot 5$	$1 \cdot 5$
$\mathbf{3} \cdot 5$	$\mathbf{4} \cdot 5$	$\mathbf{6} \cdot 5$	$\mathbf{7} \cdot 5$	$\mathbf{8} \cdot 5$	$\mathbf{9} \cdot 5$

5 $+5 \quad +5 \quad +5$

0   5   10   20   30   40   50   60

Gehe in Fünferschritten.   a) 5, 10, … 50   b) 50, 45 …

7

$\mathbf{1 \cdot 5 =}$ ___
$\mathbf{2 \cdot 5 =}$ ___
$3 \cdot 5 =$ ___
$4 \cdot 5 =$ ___
$\mathbf{5 \cdot 5 =}$ ___
$6 \cdot 5 =$ ___
$7 \cdot 5 =$ ___
$8 \cdot 5 =$ ___
$9 \cdot 5 =$ ___
$\mathbf{10 \cdot 5 =}$ ___

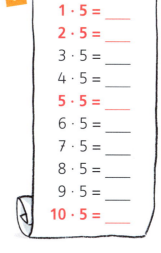

6

a) $2 \cdot 5$	b) $5 \cdot 5$	c) $10 \cdot 5$	d) $10 \cdot 5$	e) $5 \cdot 5$
$3 \cdot 5$	$6 \cdot 5$	$9 \cdot 5$	$11 \cdot 5$	$10 \cdot 5$
$4 \cdot 5$	$7 \cdot 5$	$8 \cdot 5$	$12 \cdot 5$	$20 \cdot 5$

8 Wie oft?

a) $10 =$ ___ $\cdot 5$	b) $5 =$ ___ $\cdot 5$	c) $45 =$ ___ $\cdot 5$
$20 =$ ___ $\cdot 5$	$15 =$ ___ $\cdot 5$	$55 =$ ___ $\cdot 5$
$30 =$ ___ $\cdot 5$	$25 =$ ___ $\cdot 5$	$60 =$ ___ $\cdot 5$
$40 =$ ___ $\cdot 5$	$35 =$ ___ $\cdot 5$	$100 =$ ___ $\cdot 5$
$50 =$ ___ $\cdot 5$	$45 =$ ___ $\cdot 5$	$105 =$ ___ $\cdot 5$

9

a) ___ $\cdot 5 = 15$	b) ___ $\cdot 5 = 30$	c) ___ $\cdot 5 = 50$	d) ___ $\cdot 5 = 40$
___ $\cdot 5 = 25$	___ $\cdot 5 = 20$	___ $\cdot 5 = 100$	___ $\cdot 5 = 60$
___ $\cdot 5 = 35$	___ $\cdot 5 = 10$	___ $\cdot 5 = 200$	___ $\cdot 5 = 80$
___ $\cdot 5 = 45$	___ $\cdot 5 = 0$	___ $\cdot 5 = 500$	___ $\cdot 5 = 100$

1 Findet gleiche Ergebnisse.

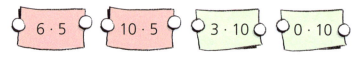

6 · 5	10 · 5	3 · 10	0 · 10
4 · 5	0 · 5	1 · 10	4 · 10
2 · 5	8 · 5	5 · 10	2 · 10

① 6 · 5 = 3 0
  3 · 1 0 =

Fällt euch etwas auf?

2 Aufgabenpaare mit gleichen Ergebnissen.

a) 1 · 10
    2 · 5

b) 2 · 10
    4 · 5

c) 4 · 10
    8 · 5

d) 5 · 10
    10 · 5

e) 3 · 10
    ___ · 5

f) 0 · 10
    ___ · 5

 g) ___ · 10
       20 · 5

 h) ___ · 10
       12 · 5

3 Wie oft?

a) 10 = ___ · 10
   10 = ___ · 5

   40 = ___ · 10
   40 = ___ · 5

   20 = ___ · 10
   20 = ___ · 5

b) 30 = ___ · 10
   30 = ___ · 5

   50 = ___ · 10
   50 = ___ · 5

   0 = ___ · 10
   0 = ___ · 5

 c) 70 = ___ · 10
       70 = ___ · 5

       100 = ___ · 10
       100 = ___ · 5

       60 = ___ · 10
       60 = ___ · 5

 d) 110 = ___ · 10
        110 = ___ · 5

        80 = ___ · 10
        80 = ___ · 5

        90 = ___ · 10
        90 = ___ · 5

4 Findet möglichst viele Malaufgaben zu diesen Ergebnissen.

a) 20

a) 2 · 1 0 = 2 0
   4 · 5 =

b) 30   c) 45   d) 50   e) 80   f) 90

5 Wer ist wer?

zum Knobeln

Mias Haar ist kraus.
Fiete hat braunes Haar.
Luisas Haar ist auch kraus.
Mia trägt zwei Zöpfe.

A      B      C

1 Zusammenhang zwischen Fünfer- und Zehnerreihe erarbeiten: Verdoppeln und halbieren.
5 Logical.

1

Jedes Buch 50 ct

Wie könnte Tim bezahlen?

2 Wie viel Geld ist es jeweils? Vergleiche.

a)

a)	1 · 10 ct =	
	2 · ct =	

b)

c)

d)

3
a) 3 · 5 ct = ___ ct
   3 · 10 ct = ___ ct

   6 · 5 ct = ___ ct
   6 · 10 ct = ___ ct

b) 2 · 5 ct = ___ ct
   2 · 10 ct = ___ ct

   4 · 5 ct = ___ ct
   4 · 10 ct = ___ ct

c) 5 · 5 ct = ___ ct
   5 · 10 ct = ___ ct

   8 · 5 ct = ___ ct
   8 · 10 ct = ___ ct

d) 10 · 5 ct = ___ ct
   10 · 10 ct = ___ ct

   9 · 5 ct = ___ ct
   9 · 10 ct = ___ ct

4
a)

a)	4 · 10 ct + 5 ct =	

b)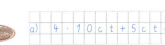

c)

d)

e)

f)

g)

5
a) 4 · 5 ct + 5 ct
   4 · 10 ct + 5 ct

   3 · 5 ct + 4 ct
   3 · 10 ct + 4 ct

b) 8 · 5 ct + 2 ct
   8 · 10 ct + 2 ct

   6 · 5 ct + 3 ct
   6 · 10 ct + 5 ct

c) 7 · 5 ct + 4 ct
   7 · 10 ct + 5 ct

   5 · 5 ct + 6 ct
   5 · 10 ct + 8 ct

d) 12 · 5 ct + 8 ct
   12 · 10 ct + 9 ct

   11 · 5 ct + 5 ct
   11 · 10 ct + 7 ct

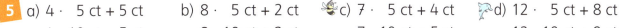

19 ct 25 ct 31 ct 33 ct 34 ct 39 ct 42 ct 45 ct 58 ct 60 ct 65 ct 68 ct 75 ct 82 ct 117 ct 129 ct

6 Du hast 5-€-Scheine und 10-€-Scheine. Wie bezahlst du?
a) Englisch   b) Mathe   c) Denkspiele und ABC-Trainer.

 7 Was könnten die Kinder kaufen?
a) Jana hat 40 € gespart.
b) Isa will für 2 CD-ROMs
   nicht mehr als 35 € ausgeben.

1 bis **5** Zusammhang zwischen Fünferreihe und Zehnerreihe. **1** 6 Möglichkeiten.
4 und **5** Verknüpfung von Multiplikation und Addition.
6 Verschiedene Lösungen möglich. **7** a) 12 Möglichkeiten   b) 5 Möglichkeiten.

1

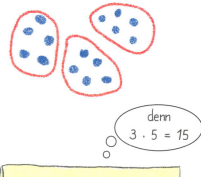

denn
3 · 5 = 15

15 : 5 = ___
geteilt durch

Probiert und rechnet.

2 Immer 12 Kinder. Teile auf.
a) In Sechsergruppen

b) In Vierergruppen

a) 1 2 : 6 =
Es sind ___ Sechsergruppen.

denn
2 · 6 = 12

c) In Dreiergruppen

d) In Zweiergruppen

3 Wie viele Gruppen entstehen?
a) 14 Kinder bilden
Zweiergruppen.
b) 15 Kinder bilden
Dreiergruppen.

a) 1 4 : 2 =
Es sind ___ Gruppen.

c) 30 Kinder bilden Zehnergruppen.
d) 18 Kinder bilden Sechsergruppen.
e) 50 Kinder bilden Fünfergruppen.
f) 100 Kinder bilden Fünfergruppen.

W

4 a) 25  36 44 − 3 5 8 b) 16 45 37 + 4 6

17	20	20
22	22	28
31	33	36
39	41	41
43	49	51

1

Wir sollen die 24 Bälle einsammeln.

Bitte immer gleich viele in ein Netz.

Wie viele Möglichkeiten findet ihr?

2 a) Immer 3 Bälle in ein Netz.

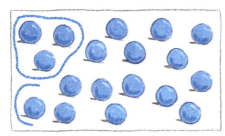

a) 18 : 3 =
Wir brauchen

b) Immer 4 Bälle in ein Netz.

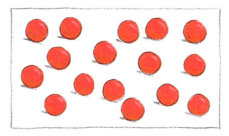

3 a)

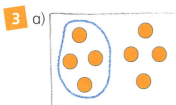

8 : 4 = ___

b)

8 : 2 = ___

c)

20 : ___ = ___

d)

20 : ___ = ___

e)

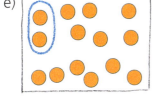

14 : ___ = ___

f)

14 : ___ = ___

g)

18 : ___ = ___

h)

18 : ___ = ___

4 Male und rechne.

starke Päckchen

a) 10 : 5
   20 : 5

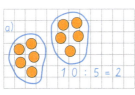
a)
10 : 5 = 2

   15 : 5
   30 : 5

b) 30 : 10
   60 : 10

   20 : 10
   40 : 10

🐬 c) 8 : 2
   16 : 2

   12 : 2
   24 : 2

🐬 d) 50 : 5
   55 : 5

   20 : 2
   40 : 2

5 Teilt auf. Findet jeweils verschiedene Möglichkeiten.

a) 10 Bälle

a) 10 : 10 =
   10 : 2 =

b) 40 Bälle

c) 50 Bälle

🐬 d) 100 Bälle

---

1 Die verschiedenen Möglichkeiten des Aufteilens sammeln und thematisieren.
2 und **3** Aufteilen. Divisionsaufgaben notieren. **5** Offene Aufgaben.

1

12 : 3 = ___   denn   ___ · 3 = 12

Mit der Umkehraufgabe prüfe ich, ob ich richtig gerechnet habe.

2 a)

12 : 4 = ___   denn   ___ · 4 = 12

b)

8 : 4 = ___   denn   ___ · 4 = 8

c)

10 : 2 = ___   denn   ___ · 2 = 10

d)

9 : 3 = ___   denn   ___ · 3 = 9

3 a) 15 : 5 = ___   denn   ___ · 5 = 15
20 : 5 = ___   denn   ___ · 5 = 20
10 : 5 = ___   denn   ___ · 5 = 10

b) 40 : 5 = ___   denn   ___ · 5 = 40
35 : 5 = ___   denn   ___ · 5 = 35
50 : 5 = ___   denn   ___ · 5 = 50

c) 30 : 5 = ___   denn   ___ · 5 = 30
25 : 5 = ___   denn   ___ · 5 = 25
45 : 5 = ___   denn   ___ · 5 = 45

d) 100 : 5 = ___   denn   ___ · 5 = 100
55 : 5 = ___   denn   ___ · 5 = 55
60 : 5 = ___   denn   ___ · 5 = 60

4 Stellt jeweils eine passende Frage. Rechnet.
Prüft mit der **Umkehraufgabe**.
a) 16 Kinder wollen Fußball spielen. Sie bilden zwei Mannschaften.
b) Neun Kinder treffen sich. Sie wollen immer zu dritt Seil springen.
c) 18 Kinder wollen Handball spielen. Dazu wählen sie zwei Mannschaften.
Vier Kinder kommen später dazu.
d) 13 Kinder wollen zwei Mannschaften bilden.

1 Spielend erarbeiten. **1** bis **3** Division und Multiplikation als Umkehroperationen. **4** d) Aufgabe mit Rest.

1

Die Teller sind leer!

2 + 2 + 2 = ___   _1_ + ___ + ___ = ___   _0_ + ___ + ___ = ___

3 · ___ = ___   3 · ___ = ___   3 · ___ = ___

2 Rechne zu jedem Bild die Plus- und die Malaufgabe.

a)

b)

c)

3 Zeichne und rechne.

a) 2 · 2   b) 5 · 3   c) 10 · 0   d) 4 · 2

2 · 1   5 · 0   10 · 1   4 · 0

2 · 0   5 · 1   10 · 2   4 · 1

4 a) 5 · 2   b) 3 · 1   c) 5 · 0   d) 10 · 10   e) 0 · 5

4 · 2   7 · 1   8 · 0   5 · 10   1 · 5

3 · 2   6 · 1   7 · 0   4 · 10   2 · 5

2 · 2   9 · 1   0 · 0   2 · 10   5 · 5

Null mal

1 · 2   1 · 1   1 · 0   1 · 10   9 · 5

0 · 2   0 · 1   3 · 0   0 · 10   10 · 5

5

Kann das stimmen?

Felix behauptet: „Jede Zahl mal 0 ist 0."

„Jede Zahl mal 1 ist 1."

Finde Beispiele und begründe.

1

In der Klasse stehen sechs Vierertische.
Wie viele Kinder können sitzen?
Rechnet und antwortet.

2 Wie viele Kinder können sitzen? Zeichne eine Skizze und rechne.

a) 5 Vierertische   b) 3 Vierertische   c) 7 Vierertische   d) 2 Vierertische

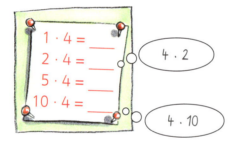 a) 5 · 4 =

e) 4 Vierertische   f) 8 Vierertische   g) 10 Vierertische

3 Löse die Kernaufgaben mit Hilfe der **Tauschaufgaben.**

1 · 4 = ___
2 · 4 = ___
5 · 4 = ___
10 · 4 = ___

4 · 2

4 · 10

4 Von den Kernaufgaben zu den anderen Aufgaben.

a) 2 · 4
   1 · 4
   _____
   3 · 4

b) 5 · 4
   1 · 4
   _____
   4 · 4

c) 5 · 4
   1 · 4
   _____
   6 · 4

d) 5 · 4
   2 · 4
   _____
   7 · 4

e) 10 · 4
   2 · 4
   _____
   8 · 4

f) 10 · 4
   1 · 4
   _____
   9 · 4

5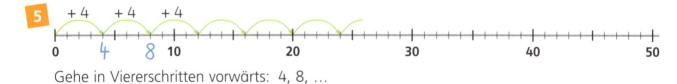

Gehe in Viererschritten vorwärts: 4, 8, …

6
a) 3 · 4
   6 · 4
   9 · 4

b) 5 · 4
   6 · 4
   7 · 4

c) 0 · 4
   1 · 4
   10 · 4

d) 2 · 4
   4 · 4
   8 · 4

e) 3 · 4
   6 · 4
   12 · 4

f) 9 · 4
   10 · 4
   11 · 4

7
a) ___ · 4 = 4
   ___ · 4 = 8
   ___ · 4 = 12

b) ___ · 4 = 0
   ___ · 4 = 20
   ___ · 4 = 40

c) ___ · 4 = 8
   ___ · 4 = 16
   ___ · 4 = 32

d) ___ · 4 = 12
   ___ · 4 = 24
   ___ · 4 = 48

e) ___ · 4 = 28
   ___ · 4 = 36
   ___ · 4 = 44

8
a) 40 = ___ · 4
   20 = ___ · 4
   4 = ___ · 4

b) 36 = ___ · 4
   24 = ___ · 4
   12 = ___ · 4

c) 32 = ___ · 4
   16 = ___ · 4
   8 = ___ · 4

d) 28 = ___ · 4
   36 = ___ · 4
   44 = ___ · 4

e) 0 = ___ · 4
   40 = ___ · 4
   80 = ___ · 4

1 Begriff „Skizze" klären. **3** Kernaufgaben über Tauschaufgaben erschließen.
5 Diff.: Beliebig weit fortsetzen, evtl. Kopiervorlage nutzen.

1 Immer vier Karten sind ein Quartett.

Wie viele Quartette sind es?
a) 12 Karten b) 16 Karten 🐬 c) 40 Karten
24 Karten 32 Karten 44 Karten
28 Karten 36 Karten 80 Karten

a) 1 2 : 4 = ___ denn ___ · 4 = 1 2

2

a)	b)	c)	🐬 d)	🐬 e)	🐬 f)
4 : 4	28 : 4	12 : 4	8 : 4	4 : 4	32 : 4
8 : 4	24 : 4	16 : 4	16 : 4	20 : 4	36 : 4
12 : 4	20 : 4	24 : 4	24 : 4	40 : 4	44 : 4
16 : 4	16 : 4	32 : 4	48 : 4	80 : 4	48 : 4

3 a) · 4

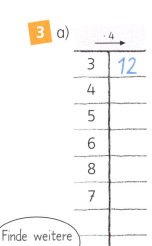

3	12
4	
5	
6	
8	
7	

b) : 4

36	
32	
24	
16	
12	
8	

🐬 c) · 2

6	
12	
18	
24	
0	
22	

🐬 d) : 2

12	
16	
20	
22	
24	
40	

Finde weitere Aufgaben.

4
0 · 4 = ___
1 · 4 = ___
2 · 4 = ___
3 · 4 = ___
4 · 4 = ___
5 · 4 = ___
6 · 4 = ___
7 · 4 = ___
8 · 4 = ___
9 · 4 = ___
10 · 4 = ___

5

0   10   20   30   40   48 50

Gehe in Viererschritten rückwärts: 48, 44, …

6 Rechne mit Viererzahlen. Untersuche die Ergebnisse.

a)	b)	c)	d)	🐬 e)
4 + 4	20 + 20	24 – 8	24 – 12	44 – 28
8 + 8	24 + 24	32 – 8	28 – 12	28 – 24
12 + 12	28 + 28	36 – 8	32 – 12	32 – 16
16 + 16	32 + 32	40 – 8	36 – 12	48 – 24

🐝 f) Rechne eigene Aufgaben mit Viererzahlen.

7 Ich denke mir eine Zahl.

a) Meine Zahl ist viermal so groß wie 5.

b) Meine Zahl ist halb so groß wie 48.

🐬 c) Meine Zahl ist eine Zweierzahl und eine Viererzahl.

🐬 d) Meine Zahl ist eine Viererzahl und eine Fünferzahl.

1 Evtl. handelnd lösen. **3** Kopiervorlage nutzen. Offene Aufgaben.
5 Evtl. Kopiervorlage nutzen. **6** Entdecken: Ergebnisse sind wieder Viererzahlen.
7 c) Alle Vielfachen von 4. d) Alle Vielfachen von 20.

1

 Erzählt und rechnet.

2 Die Kinder teilen sich in Zweiergruppen oder Vierergruppen auf.

a) 12 Kinder c) 20 Kinder e) 4 Kinder

b) 8 Kinder d) 16 Kinder f) 24 Kinder

a) 12 : 2 =
12 : 4 =

3

Kinder	4	8	16	12	20		24	36	32	28	40
Zweiergruppen	2										
Vierergruppen	1										

4 a) 8 = ___ · 2 b) 12 = ___ · 2 c) 4 = ___ · 2 d) 20 = ___ · 4 e) 16 = ___ · 4

 8 = ___ · 4 12 = ___ · 4 4 = ___ · 4 20 = ___ · 2 16 = ___ · 2

5 a) 20 : ___ = 4 b) 16 : ___ = 4 c) 12 : ___ = 2 d) 40 : ___ = 2 e) 24 : ___ = 2

 20 : ___ = 2 16 : ___ = 2 12 : ___ = 4 40 : ___ = 4 24 : ___ = 4

6 Setze ein: < oder = oder >.

a) 3 · 4 ⬤ 20 b) 3 · 2 ◯ 10 c) 6 · 4 ◯ 40 d) 11 · 2 ◯ 20 e) 9 · 2 ◯ 20

 4 · 4 ◯ 20 4 · 2 ◯ 10 7 · 4 ◯ 40 11 · 4 ◯ 40 9 · 4 ◯ 35

 5 · 4 ◯ 20 5 · 2 ◯ 10 8 · 4 ◯ 40 12 · 2 ◯ 20 11 · 4 ◯ 45

 6 · 4 ◯ 20 6 · 2 ◯ 10 9 · 4 ◯ 40 12 · 4 ◯ 50 12 · 4 ◯ 48

 7 · 4 ◯ 20 7 · 2 ◯ 10 10 · 4 ◯ 40 20 · 4 ◯ 50 12 · 2 ◯ 25

W

7 a) Rechne viele Plusaufgaben mit dem Ergebnis 42.

 b) Rechne viele Minusaufgaben mit dem Ergebnis 33.

a) 17 + 5 + 20 = 42
 + 12 = 42

8 Setze die Zahlenfolgen fort. Schreibe jeweils die Regel auf.

a) 12, 18, 24, … b) 12, 16, 20, … c) 12, 15, 18, … d) 24, 26, 28, … e) 24, 32, 40, …

Wie viele Ecken hat ein Würfel?

1

Würfel	Wir brauchen	
	Kugeln	Stäbe
1	8	
2		
3		
4		
5		

Legt eine Tabelle an.

2 Wie viele Würfel können gebaut werden?

a) 24 Kugeln   b) 32 Kugeln   c) 48 Kugeln

d) 56 Kugeln   e) 80 Kugeln   f) 64 Kugeln

g) 16 Kugeln   h) 40 Kugeln   i) 72 Kugeln

3

... reichen für wie viele Würfel?

100 Kugeln

4 Löse die Kernaufgaben mit Hilfe der **Tauschaufgaben.**

1 · 8 = ___
2 · 8 = ___   8 · 2
5 · 8 = ___
10 · 8 = ___   8 · 5

5 Von den Kernaufgaben zu den anderen Aufgaben.

a)
2 · 8
1 · 8
―――
3 · 8

b)
5 · 8
1 · 8
―――
4 · 8

c)
5 · 8
1 · 8
―――
6 · 8

d)
5 · 8
2 · 8
―――
7 · 8

e)
10 · 8
2 · 8
―――
8 · 8

f)
10 · 8
1 · 8
―――
9 · 8

6 Gehe in Achterschritten.   a) 8, 16, ...   b) 80, 72, ...

7 starke Päckchen ?

a) 2 · 8
4 · 8
8 · 8

b) 5 · 8
6 · 8
7 · 8

c) 3 · 8
6 · 8
9 · 8

d) 0 · 8
1 · 8
10 · 8

e) 12 · 8
6 · 8
3 · 8

f) 5 · 8
10 · 8
20 · 8

8 a) ___ · 8 = 24
___ · 8 = 48
___ · 8 = 16

b) ___ · 8 = 80
___ · 8 = 40
___ · 8 = 8

c) ___ · 8 = 0
___ · 8 = 56
___ · 8 = 48

d) ___ · 8 = 88
___ · 8 = 80
___ · 8 = 96

9 a) 40 = ___ · 8
48 = ___ · 8
24 = ___ · 8

b) 8 = ___ · 8
16 = ___ · 8
32 = ___ · 8

c) 56 = ___ · 8
64 = ___ · 8
72 = ___ · 8

d) 88 = ___ · 8
96 = ___ · 8
80 = ___ · 8

1 Eine Tabelle anlegen und fortsetzen. Diff.: Auch die Anzahl der Stäbe berechnen.
3 Aufgabe mit Rest. **6** a) Diff.: Beliebig weit fortsetzen.

Spinnen sind nützliche Tiere.
Spinnentiere haben acht Beine.
Die **Kreuzspinne** lebt in Gärten.
Sie webt ihr Netz in ungefähr
einer Stunde.

1 Wie viele Spinnen sind es? Rechne auch die Umkehraufgabe.
a) 16 Beine
b) 32 Beine

a) 1 6 : 8 = ___ denn ___ · 8 =
c) 24 Beine
d) 48 Beine
e) 40 Beine
f) 80 Beine
g) 56 Beine
h) 64 Beine

2
a) 24 : 8
16 : 8
8 : 8
0 : 8

b) 80 : 8
72 : 8
64 : 8
56 : 8

c) 32 : 8
40 : 8
56 : 8
48 : 8

d) 32 : 4
40 : 5
40 : 2
88 : 8

3
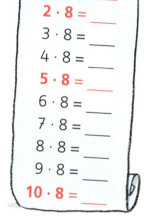
0 · 8 = ___
1 · 8 = ___
2 · 8 = ___
3 · 8 = ___
4 · 8 = ___
5 · 8 = ___
6 · 8 = ___
7 · 8 = ___
8 · 8 = ___
9 · 8 = ___
10 · 8 = ___

4 < oder = oder >.
a) 7 · 8 ⊃ 40
6 · 8 ◯ 40
5 · 8 ◯ 40
4 · 8 ◯ 40

b) 3 · 8 ◯ 20
2 · 8 ◯ 20
1 · 8 ◯ 20
0 · 8 ◯ 20

c) 10 · 8 ◯ 60
9 · 8 ◯ 60
8 · 8 ◯ 60
7 · 8 ◯ 60

d) 11 · 5 ◯ 48
12 · 4 ◯ 48
11 · 8 ◯ 48
20 · 2 ◯ 48

5 Rechne mit Achterzahlen. Untersuche die Ergebnisse.
a) 40 + 8
24 + 8
16 + 8
48 + 8

b) 48 + 32
16 + 40
56 + 24
32 + 16

c) 48 − 8
56 − 8
16 − 8
24 − 8

d) 72 − 32
56 − 24
64 − 32
48 − 24

e) 96 − 48
88 − 64
32 − 16
72 − 48

6 Wie rechnet ihr? Was fällt euch an den Ergebnissen auf?

4 · 8
a) 32 − 8
72 − 8
40 − 8
8 − 8

b) 48 − 8 − 8
80 − 8 − 8
16 − 8 − 8
56 − 8 − 8

c) 64 − 8 − 8 − 8
80 − 8 − 8 − 8
72 − 8 − 8 − 8
24 − 8 − 8 − 8

d) 72 − 8 − 8 − 8 − 8
32 − 8 − 8 − 8 − 8
48 − 8 − 8 − 8 − 8
80 − 8 − 8 − 8 − 8

7 a)
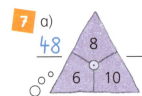
48
8
6   10

b)
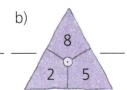
8
2   5

c)

8
3   4

d)
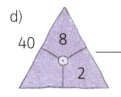
40
8
2

e)
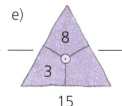
8
3

Malaufgaben ___   ___   ___   ___

Weitere Informationen einem Naturführer oder dem Internet entnehmen.
6 Lösungswege vergleichen. **7** Malaufgaben, Kopiervorlage.

1 Wie viele Beine sind es insgesamt? Schätzt erst. Rechnet und vergleicht eure Lösungen.

Meerschweinchen   Spatzen   Spinnen

2
a) 3 · 2	b) 6 · 2	c) 4 · 8	d) 5 · 8	e) 7 · 8	f) 8 · 2
3 · 4	6 · 4	4 · 4	5 · 4	7 · 4	8 · 4
3 · 8	6 · 8	4 · 2	5 · 2	7 · 2	8 · 8

Was fällt dir auf?

3 Schreibe möglichst viele Malaufgaben zu diesen Ergebnissen.

a) 24

a) 2 4 = 3 · 8
   2 4 = 6 ·

b) 40   c) 32   d) 72   e) 96

4

a) 1 · 8   b) 2 · 8   c) Setze fort.
   2 · 4   4 · 4
   4 · 2   8 · 2

5 Welche Rechenzeichen passen?

a) 5 ⊕ 4 = 9	b) 8 ◯ 8 = 16	c) 10 ◯ 2 = 20	d) 4 ◯ 4 = 0	e) 8 ◯ 2 = 16
5 ◯ 4 = 20	8 ◯ 8 = 64	10 ◯ 4 = 40	4 ◯ 4 = 1	4 ◯ 4 = 16
5 ◯ 4 = 1	8 ◯ 8 = 0	10 ◯ 8 = 18	4 ◯ 4 = 8	2 ◯ 8 = 16
6 ◯ 2 = 3	8 ◯ 4 = 2	10 ◯ 5 = 50	4 ◯ 2 = 2	3 ◯ 4 = 12
6 ◯ 2 = 4	8 ◯ 4 = 32	10 ◯ 5 = 15	4 ◯ 2 = 6	16 ◯ 4 = 12
6 ◯ 2 = 12	8 ◯ 4 = 12	10 ◯ 5 = 2	4 ◯ 2 = 8	18 ◯ 6 = 12

6

a)   b)   c)   d)   e)
24 12   16 8   48 24   22 44   32 56
  32   32   32   8   28

2 Verdoppeln und Halbieren. Die Auswirkungen auf das Ergebnis feststellen.

1 Trage passende Rechenzeichen ein.

a)

$5 \bigcirc 5 \bigcirc 5 = 20$

Nick **probiert** und **radiert**:

b) $5 \bigcirc 5 \bigcirc 5 = 30$
c) $5 \bigcirc 5 \bigcirc 5 = 5$
d) $5 \bigcirc 5 \bigcirc 5 = 6$
e) $20 \bigcirc 4 \bigcirc 3 = 19$
f) $20 \bigcirc 4 \bigcirc 3 = 8$

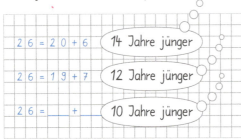

a) $5 + 5 + 5 = 20$ — 15 ist zu wenig.

a) $5 \cdot 5 + 5 = 20$ — 30 ist zu viel.

a) $5 \cdot 5 - 5 = 20$ — 20! Jetzt stimmt es.

g) $20 \bigcirc 4 \bigcirc 3 = 15$

h) $20 \bigcirc 4 \bigcirc 3 = 21$

2 a) Pia ist 10 Jahre jünger als ihre Schwester Lea. Zusammen sind sie 26 Jahre alt.
Wie alt ist Pia, wie alt ist Lea?

Nick **probiert,** bis es passt:

$26 = 20 + 6$	14 Jahre jünger
$26 = 19 + 7$	12 Jahre jünger
$26 = \_\_\_ + \_\_\_$	10 Jahre jünger

Pia ist ___ Jahre alt, Lea ist ___ Jahre alt.

Emma **denkt:**

Wenn sie Zwillinge wären, wäre jede 13 Jahre alt.

$26 = 13 + 13$

Aber Pia soll 10 Jahre jünger sein! Ich mache Pia 5 Jahre jünger und Lea 5 Jahre älter:

Pia: $13 - 5 = 8$

Lea: $13 + 5 = 18$

b) Max und Oli sind zusammen 18 Jahre alt.
Max ist 6 Jahre älter als Oli.
Wie alt ist Max, wie alt ist Oli?

c) Mama und Papa sind zusammen
90 Jahre alt.
Mama ist 4 Jahre älter als Papa.

3 a) Malte sieht in einem Gehege Esel und Strauße.
Er zählt zusammen 12 Beine.
Wie viele Esel könnten es sein?
Wie viele Strauße könnten es sein?

b) Am Teich sitzen Enten und Schildkröten.
Samira sieht 20 Beine.

c) Im Terrarium entdeckt Lea Mäuse und Spinnen.
Sie zählt 24 Beine.

Nick denkt und probiert.

W

4 a)

b)

c)

d)

1

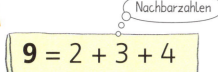

9 = 2 + 3 + 4

9 kann ich in Nachbarzahlen zerlegen.

Findest du eine weitere Möglichkeit, die Zahl 9 in Nachbarzahlen zu zerlegen?

2 Kannst du **alle** Zahlen bis 20 in Nachbarzahlen zerlegen? Untersuche.

3 Für eine der Zahlen 14, 15, 16 und 17 gibt es drei Zerlegungsmöglichkeiten. Findest du sie?

4
a) Findet ihr ungerade Zahlen, die man **nicht** in zwei Nachbarzahlen zerlegen kann?
b) Gibt es eine gerade Zahl, die man in zwei Nachbarzahlen zerlegen kann?

5
a) 45 – 7	b) 34 – 6	c) 56 – 8	d) 24 – 9	e) 33 – 7
45 + 7	34 + 6	56 + 8	24 + 9	33 + 7
45 – 9	38 – 4	57 – 5	87 – 6	46 – 5
45 + 9	38 + 4	57 + 5	87 + 6	46 + 5

6 Was fällt dir auf?

a) 29 + 5   b) 45 – 7   c) 36 + 8   d) 53 + 15
   34 – 5   38 + 7   44 – 8   68 – 15

Denke dir weitere Aufgaben selber aus!

7 Finde eine passende Frage. Rechne und antworte.
a) Die Klasse 2 a hat fünf Vierertische.
b) Für 28 Kinder soll die Klasse 2 b Vierertische bekommen.
c) In der Klasse 2 c sind 24 Kinder. Sie sollen acht Gruppen bilden.
d) Im Schulgarten leben zwei Igel. Im Winter schläft jeder drei Monate.

8
a) 20 = ___ · 5	b) 24 = ___ · 8	c) 16 = ___ · 8	d) 8 = ___ · 2	e) 40 = ___ · 8
20 = ___ · 10	24 = ___ · 4	16 = ___ · 4	8 = ___ · 4	40 = ___ · 10
20 = ___ · 4	24 = ___ · 2	16 = ___ · 2	8 = ___ · 8	40 = ___ · 4
20 = ___ · 2	24 = ___ · 1	16 = ___ · 16	8 = ___ · 1	40 = ___ · 5

9
Ein Würfel hat 6 Flächen, jede hat 4 Ecken.
Lea rechnet: 6 · 4 = 24
Sie behauptet: „Also hat ein Würfel 24 Ecken."

2 Vermuten. Probierend rechnen. Diff.: Bis 30 untersuchen.
6 Umkehraufgaben. **7** d) Scherzaufgabe. **9** Je drei Seiten teilen sich eine Ecke.

1

Du hast immer **Glück** und würfelst **wahrscheinlich** eine 6.

Das ist **sicher**.

Nein. Das ist nur **Zufall**.

Wer hat Recht?

2 a) Welche Zahl würfelt ihr am **häufigsten**?
Überprüft mit vielen Würfen.
Vermutet vorher.

b) Sammelt alle Ergebnisse. Was stellt ihr fest?

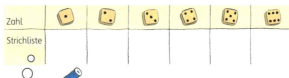

Zahl						
Strichliste						

3

sicher   möglich   unmöglich
aber nicht sicher

immer   häufig   nie
selten   wahrscheinlich

Entscheidet und begründet:

A „Ich kann eine 3 werfen."
B „Ich würfele oft eine 0."
C „Ich werfe nie eine 5."
D „Ich würfele jetzt eine 2."

E „Ich würfele nie eine 8."
F „Ich werfe jetzt eine 7."
G „Am häufigsten werfe ich eine 4."
H „Ich würfele jetzt eine Zahl zwischen 2 und 6."

4

A „Jetzt würfele ich eine Zahl kleiner als 7."
B „Mein nächster Wurf wird eine Zahl größer als 6."
C „Mein nächster Wurf wird eine ungerade Zahl."
D „Gestern hatte ich dreimal hintereinander eine 3."

Überprüft die Aussagen der Kinder.
Sicher, möglich, unmöglich?
Entscheidet und begründet.

5

A „Meine Schwester ist so alt wie ich."
B „Ich bin älter als meine Mutter."
C „Meine Oma ist älter als mein Opa."

D „Ich bin doppelt so alt wie mein Bruder."
E „In 20 Jahren bin ich älter als mein Vater."
F „Heute bekommen wir keine Hausaufgaben auf."

6 Findet eigene Beispiele für   sicher   möglich   unmöglich

„Sicher" bedeutet auch „immer"; „unmöglich" bedeutet „nie"; „möglich" bedeutet „vielleicht".
2 b) Es hängt nur vom Zufall ab, welche Zahl als nächste fällt. Alle sechs Würfelzahlen sind gleich wahrscheinlich. Kopiervorlage.

sicher	möglich aber nicht sicher	unmöglich

1 Hat Emma Recht?

Ich fange jetzt sicher einen roten Fisch.

2 Emma kann die Fische nicht sehen. Sie angelt **einen** Fisch.

Sicher, möglich, unmöglich? Entscheidet und begründet.

a)

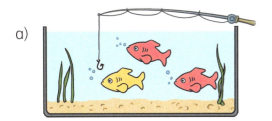

A   Sie angelt einen roten Fisch.
B   Sie angelt einen blauen Fisch.
C   Sie angelt einen gelben Fisch.

a)	A	möglich

b)

A   Sie angelt einen gelben Fisch.
B   Sie angelt einen roten Fisch.
C   Sie angelt einen grünen Fisch.

3

 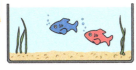 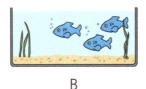 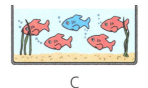 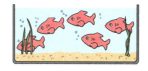

A   B   C   D

Findet die passenden Aquarien.
a) „Ich angele sicher einen blauen Fisch."
b) „Es ist möglich, dass ich einen roten Fisch angele."
c) „Es ist unmöglich, dass ich einen roten Fisch angele."
d) „Ich angele sicher einen roten Fisch."

4 Malt passende Fische in ein Aquarium.
a) „Ich angele sicher einen gelben Fisch."
b) „Es ist unmöglich, dass ich einen gelben Fisch angele."

1 bis **4** Kinder angeln lassen. Es gilt immer der erste Versuch. Kopiervorlage.
3 b) Mehrere Lösungen.

1

Anna verteilt 24 Karten. Wie viele Karten bekommt jedes Kind?

2 a)

15 : ___ = ___

b)

15 : ___ = ___

3 Vier Kinder spielen. Wie viele Karten bekommt jedes Kind? Zeichne wie du verteilst.

a) 12 Karten

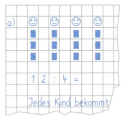

d) 36 Karten

 g) 4 Karten

b) 16 Karten

e) 20 Karten

 h) 48 Karten

c) 24 Karten

f) 40 Karten

 i) 60 Karten

4 Wie viele Karten bekommt jedes Kind? Zeichne wie du verteilst.

a) 8 Karten an 2 Kinder
   8 Karten an 4 Kinder

c) 20 Karten an 5 Kinder
   20 Karten an 2 Kinder

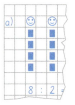

b) 18 Karten an 2 Kinder
   18 Karten an 3 Kinder

d) 30 Karten an   5 Kinder
   30 Karten an 10 Kinder

Mir fällt etwas auf.

5 Schreibe Rechengeschichten.

a) ☺ ☺ ☺ ☺
   ▯ ▯ ▯ ▯
   ▯ ▯ ▯ ▯

b) ☺ ☺ ☺ ☺ ☺ ☺ ☺
   ▯ ▯ ▯ ▯ ▯ ▯ ▯

c) ☺ ☺ ☺
   ▯ ▯ ▯
   ▯ ▯ ▯
   ▯ ▯ ▯

d) ☺ ☺ ☺ ☺ ☺
   ▯ ▯ ▯ ▯ ▯
   ▯ ▯ ▯ ▯ ▯
   ▯ ▯ ▯ ▯ ▯

6

Forschungs-auftrag

32 Karten sollen gerecht verteilt werden.
Wie viele Möglichkeiten gibt es?

32 : 1 = 32
32 : 2 = 16
32 : 3 = geht nicht
32 : 4 =

Mein Tipp:
Lege Karten
und probiere.

Verteilen: Eine Gesamtheit wird auf eine vorgegebene Anzahl
von Teilmengen verteilt.

1

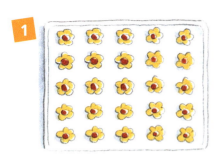

Verteile die Plätzchen gleichmäßig.

2

a) Die Kinder haben sich Rechengeschichten ausgedacht.

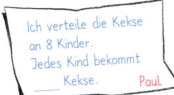

Ich verteile die Kekse an 8 Kinder. Jedes Kind bekommt ____ Kekse.   Paul

Ich verteile die Kekse an 6 Kinder. Jedes Kind bekommt ____ Kekse.   Lilli

b) Kannst du noch weitere Rechengeschichten schreiben? Schreibe auch die Rechnung auf.

3 Verteile die Kekse gleichmäßig. Finde verschiedene Möglichkeiten.

a)    b) 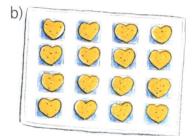   c)

4 Wie wurde verteilt? Schreibe die Rechnung.

a)   b)   c)

a)   6 : 3 =

d)   e)   f)

5 Rechne und prüfe mit der Malaufgabe.

a) 10 : 2	b) 14 : 2	c) 5 : 5	d) 20 : 10	e) 30 : 10
8 : 2	12 : 2	15 : 5	40 : 10	50 : 10
2 : 2	18 : 2	25 : 5	60 : 10	70 : 10

a)   10 : 2 = 5   denn   5 · 2 = 10

6 a) 4 : ___ = ___   b) 24 : ___ = ___   c) 40 : ___ = ___   d) 18 : ___ = ___

12 : ___ = ___   28 : ___ = ___   30 : ___ = ___   15 : ___ = ___

16 : ___ = ___   32 : ___ = ___   20 : ___ = ___   6 : ___ = ___

20 : ___ = ___   36 : ___ = ___   10 : ___ = ___   2 : ___ = ___

1

a) Wie viele Stäbchen brauchen die Kinder jeweils?

b) Lege und setze die Dreierreihe fort.

a) Lilli: 1 · 3 =
   Benjamin: 2 ·

2 Kernaufgaben

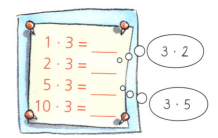

1 · 3 = ___
2 · 3 = ___   3 · 2
5 · 3 = ___
10 · 3 = ___   3 · 5

3 Von den Kernaufgaben zu den anderen Aufgaben.

a) 2 · 3
    1 · 3
    3 · 3

b) 2 · 3
    2 · 3
    4 · 3

c) 5 · 3
    1 · 3
    6 · 3

d) 5 · 3
    2 · 3
    7 · 3

e) 10 · 3
    2 · 3
    8 · 3

f) 10 · 3
    1 · 3
    9 · 3

4

A

A 3 · 3 =

B

C

D

E

F

5 Wie viele Stäbchen brauchst du? Schreibe Malaufgaben.

a) 4 Dreiecke

a) 4 · 3 =

b) 5 Dreiecke

c) 7 Dreiecke

d) 8 Dreiecke

🐝 e) 2 Dreiecke

🐝 f) 6 Dreiecke

🐝 g) 10 Dreiecke

🐝 h) 9 Dreiecke

6 Wie viele Dreiecke kannst du legen?

a) 12 Stäbchen

a) 1 2 : 3 = 4
    4 Dreiecke

b) 18 Stäbchen

c) 27 Stäbchen

d) 6 Stäbchen

e) 15 Stäbchen

f) 21 Stäbchen

🐝 g) 24 Stäbchen

🐝 h) 9 Stäbchen

🐝 i) 30 Stäbchen

7

zum Knobeln

Lege mit
9 Stäbchen nach:
Nimm 2 Stäbchen weg.
Es sollen ein großes und ein
kleines Dreieck übrig bleiben.

Lege nach:

Lege 2 Stäbchen um.
Es entstehen 3 gleich
große Dreiecke.

Lege
nach:
Lege 2 Stäbchen um.
Es entstehen
4 kleine Dreiecke.

Stäbchen legen und dann rechnen. **4** Malaufgaben schreiben.

1

+3 +3 +3

0   3 5 6   10   15   20   25   30   35   40   45   50

Gehe in Dreierschritten.   a) 3, 6, …   b) 30, 27, …

2 a) 0 · 3   b) 10 · 3   c) 6 · 3   d) 10 · 3   🐬 e) 3 · 3
    1 · 3   5 · 3   5 · 3   9 · 3   4 · 3
    2 · 3   6 · 3   4 · 3   8 · 3   12 · 3
    3 · 3   7 · 3   2 · 3   7 · 3   11 · 3

3 Wie oft?

a) ___ · 3 = 30   b) ___ · 3 = 21   🐬 c) ___ · 3 = 30
   ___ · 3 = 15   ___ · 3 = 18   ___ · 3 = 33
   ___ · 3 = 24   ___ · 3 = 27   ___ · 3 = 36

   ___ · 3 = 12   ___ · 3 = 9   ___ · 3 = 60
   ___ · 3 = 3   ___ · 3 = 6   ___ · 3 = 90
   ___ · 3 = 0   ___ · 3 = 24   ___ · 3 = 99

4

0 · 3 = ___
1 · 3 = ___
2 · 3 = ___
3 · 3 = ___
4 · 3 = ___
5 · 3 = ___
6 · 3 = ___
7 · 3 = ___
8 · 3 = ___
9 · 3 = ___
10 · 3 = ___

5 a) 3 · 3 + 1   b) 5 · 3 + 4   🐬 c) 8 · 3 + 2   🐬 d) 9 · 3 + 2
     2 · 3 + 4   5 · 3 + 5   8 · 3 + 4   9 · 3 + 1
     1 · 3 + 7   7 · 3 + 8   6 · 3 + 2   4 · 3 + 3

     4 · 3 + 2   8 · 3 + 5   10 · 3 + 3   2 · 3 + 5
     5 · 3 + 3   6 · 3 + 6   11 · 3 + 2   10 · 3 + 1
     9 · 3 + 1   2 · 3 + 9   12 · 3 + 1   20 · 3 + 1

10 10 10 11 14 15 15 18 19 20 20 24 26 28 28 28 29 29 29 31 33 35 37 61

6 Welche Zahlen passen?

a) ___ · 3 < 21   a) 0, 1, 2,   b) ___ · 3 < 15   c) ___ · 3 < 6   d) ___ · 3 < 27

7 a) 6 : 3   b) 27 : 3   🐝 c) 18 : 3   **8** a) 30 = ___ · 3   b) 0 = ___ · 3

   12 : 3   21 : 3   9 : 3   27 = ___ · 3   3 = ___ · 3
   18 : 3   15 : 3   24 : 3   24 = ___ · 3   6 = ___ · 3
   24 : 3   9 : 3   12 : 3   21 = ___ · 3   9 = ___ · 3
   30 : 3   3 : 3   6 : 3   18 = ___ · 3   12 = ___ · 3

9 a)   35 26 47 ➕ 5 40 32   b) 66 74 45 ➖ 8 30 23

1 a) Diff.: Beliebig weit fortsetzen, evtl. Kopiervorlage nutzen.

1 Die Kinder haben diese Aufgabe mit Hilfe der Kernaufgaben gelöst. Vergleicht.

$$7 \cdot 6$$

2 · 6 =
2 · 6 =
2 · 6 =
1 · 6 =
_____
7 · 6 =
        Luis

10 · 6 =
1 · 6 =
2 · 6 =
_____
7 · 6 =
        Ina

5 · 6 =
2 · 6 =
_____
7 · 6 =
        Esra

2 Kernaufgaben

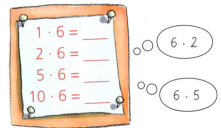

1 · 6 = ___
2 · 6 = ___
5 · 6 = ___
10 · 6 = ___

6 · 2

6 · 5

3 Nutze die Kernaufgaben.

a) $4 \cdot 6$

b) $9 \cdot 6$

c) $6 \cdot 6$

d) $8 \cdot 6$

e) $12 \cdot 6$

f) $20 \cdot 6$

4
a) 6 · 2	b) 6 · 4	c) 6 · 8	d) 6 · 1	e) 9 · 6
2 · 6	4 · 6	8 · 6	1 · 6	6 · 9
6 · 3	6 · 5	6 · 10	0 · 6	6 · 7
3 · 6	5 · 6	10 · 6	6 · 0	7 · 6

Tausch-
aufgaben
können
helfen.

5 Verdoppeln, Halbieren, Nachbaraufgaben.

a) 1 · 6	b) 10 · 6	c) 5 · 6	d) 10 · 6	e) 3 · 6	f) 10 · 6
2 · 6	5 · 6	4 · 6	9 · 6	6 · 6	11 · 6
4 · 6	6 · 6	3 · 6	8 · 6	9 · 6	12 · 6
8 · 6	7 · 6	2 · 6	7 · 6	8 · 6	20 · 6

6
a) 30 = ___ · 6	b) 6 = ___ · 6	c) 54 = ___ · 6	d) 30 = ___ · 6	e) 33 = ___ · 3
60 = ___ · 6	12 = ___ · 6	42 = ___ · 6	30 = ___ · 3	66 = ___ · 3
18 = ___ · 6	24 = ___ · 6	36 = ___ · 6	18 = ___ · 6	36 = ___ · 3
36 = ___ · 6	48 = ___ · 6	0 = ___ · 6	18 = ___ · 3	72 = ___ · 3

7 Kann das stimmen?

a) „Mit drei Würfeln habe ich insgesamt 20 erreicht." Felix

b) „Ich habe mit zwei Würfeln insgesamt 12 erreicht." Robin

c) „Mit zwei Würfeln kann ich nie 14 erreichen." Luise

W

8 a)

b)

1

a) Das Karussell hat acht Gondeln.
   Wie viele Personen können mitfahren?

b) In der Warteschlange stehen zwölf Kinder.
   Wie viele Gondeln brauchen sie?

c) Bei einer Fahrt sind vier Gondeln voll besetzt.
   In einer weiteren Gondel sitzen drei Kinder.
   Wie viele Personen fahren mit?

d) Jetzt sind drei Gondeln voll besetzt.
   Wie viele Personen könnten noch einsteigen?

e) Finde eigene Aufgaben.

2 Setze die Liste fort.

Gondeln	1	2	3
Kinder	6	12	

1 Gondel   1 · 6 =
2 Gondeln   2 ·

3

a) ___ · 6 = 18
   ___ · 6 = 24
   ___ · 6 = 30
   ___ · 6 = 36
   ___ · 6 = 12

b) ___ · 6 = 60
   ___ · 6 = 54
   ___ · 6 = 48
   ___ · 6 = 42
   ___ · 6 = 36

c) ___ · 6 = 0
   ___ · 6 = 6
   ___ · 6 = 12
   ___ · 6 = 24
   ___ · 6 = 48

d) ___ · 5 = 30
   ___ · 5 = 35
   ___ · 5 = 25
   ___ · 5 = 20
   ___ · 5 = 45

4
0 · 6 = ___
1 · 6 = ___
2 · 6 = ___
3 · 6 = ___
4 · 6 = ___
5 · 6 = ___
6 · 6 = ___
7 · 6 = ___
8 · 6 = ___
9 · 6 = ___
10 · 6 = ___

5
a) 5 · ___ = 30
   10 · ___ = 60
    9 · ___ = 27
    8 · ___ = 48
    4 · ___ = 16

b) 8 · ___ = 0
   1 · ___ = 9
   8 · ___ = 8
   9 · ___ = 0
   1 · ___ = 6

c) 3 · ___ = 12
   4 · ___ = 24
   6 · ___ = 18
   9 · ___ = 54
   7 · ___ = 42

d) 20 · ___ = 40
   30 · ___ = 90
   11 · ___ = 44
   12 · ___ = 48
   20 · ___ = 80

6
a) 6 : 6
   12 : 6
   48 : 6
   54 : 6

b) 60 : 6
   30 : 6
   18 : 6
   24 : 6

c) 42 : 6
    0 : 6
   54 : 6
   36 : 6

d) 27 : 3
   24 : 3
   24 : 6
   24 : 8

e) 66 : 6
    60 : 3
   120 : 6
    36 : 3

7 Welche Zahlen passen?

a) ___ · 6 < 25

a) 0, 1, 2,

b) ___ · 6 < 62

c) ___ · 6 < 19

d) ___ · 6 < 5

W

8

1 Wie viele Stäbe sind es? Lege und rechne.

Setze fort.

Was fällt dir auf?

1 · 3
1 · 3
1 · 6

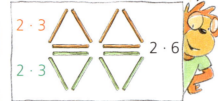
2 · 3
2 · 3
2 · 6

3 · 3
3 · 3
3 · 6

2 a) 6 = _1_ · 6   b) 12 = ___ · 6   c) 18 = ___ · 6   d) 24 = ___ · 6   e) 30 = ___ · 6
      6 = ___ · 3   12 = ___ · 3   18 = ___ · 3   24 = ___ · 3   30 = ___ · 3

🐬 f) 60 = ___ · 6 🐬 g) 36 = ___ · 6 🐬 h) 42 = ___ · 6 🐬 i) 48 = ___ · 6 🐬 j) 54 = ___ · 6
      60 = ___ · 3   36 = ___ · 3   42 = ___ · 3   48 = ___ · 3   54 = ___ · 3

3 Aufgabenpaare mit gleichen Ergebnissen.

   a) 1 · 6   b) 2 · 6   c) 4 · 6   d) 5 · 6   e) 0 · 6
      2 · 3   4 · 3   8 · 3   10 · 3   0 · 3

4 Findet möglichst viele Malaufgaben zu diesen Ergebnissen.

 a) **24**   b) **30**   c) **18** 🐬 d) **42** 🐬 e) **60**

5 Welche Rechenzeichen passen?

   a) 30 ⊝ 3 = 27   b) 3 ◯ 6 = 18   c) 9 ◯ 3 = 12   d) 10 ◯ 3 = 30   e) 8 ◯ 3 = 24
       9 ◯ 3 = 27   24 ◯ 6 = 18   3 ◯ 4 = 12   24 ◯ 6 = 30   18 ◯ 6 = 24

       5 ◯ 3 = 15   48 ◯ 6 = 42   24 ◯ 3 = 21   10 ◯ 6 = 60   6 ◯ 6 = 36
      10 ◯ 5 = 15   7 ◯ 6 = 42   7 ◯ 3 = 21   57 ◯ 3 = 60   30 ◯ 6 = 36

 6 a)

Meine Zahl kann ich durch 3 und durch 6 teilen. Sie ist kleiner als 30.

b)

Meine Zahl ist eine Sechserzahl. Sie ist auch eine Viererzahl und sie ist kleiner als 60.

c)

Meine Zahl ist eine Dreierzahl, eine Sechserzahl und eine Achterzahl. Sie liegt zwischen 40 und 50.

d)

Meine Zahl ist kleiner als 70. Ich kann sie durch 2, 3, 5 und 6 teilen.

W

7 a) 65 + 4   b) 44 + 6   c) 36 + 9   d) 67 + 7   e) 53 + 8
      65 – 4   44 – 6   36 – 9   67 – 7   53 – 8

      25 + 5   74 + 7   86 + 8   17 + 9   23 + 9
      25 – 5   74 – 7   86 – 8   17 – 9   23 – 9

8	14	20	26
27	30	32	38
40	45	45	50
60	61	67	69
74	78	81	94

6 a), b), d) Jeweils mehrere Lösungen möglich.

1 Diese Aufgaben kennst du schon.

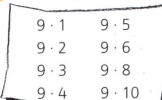

9 · 1	9 · 5
9 · 2	9 · 6
9 · 3	9 · 8
9 · 4	9 · 10

Rechne die Tauschaufgaben.

1 · 9

2 Kernaufgaben

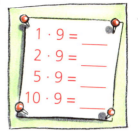

1 · 9 = ___
2 · 9 = ___
5 · 9 = ___
10 · 9 = ___

3 Von den Kernaufgaben zu den anderen Aufgaben.

a)
2 · 9
1 · 9
———
3 · 9

b)
2 · 9
2 · 9
———
4 · 9

c)
5 · 9
1 · 9
———
6 · 9

d)
5 · 9
2 · 9
———
7 · 9

e)
10 · 9
2 · 9
———
8 · 9

f)
10 · 9
1 · 9
———
9 · 9

4 Beschreibe. Setze fort. Was entdeckst du?

a)
Dreierzahlen	3	6	9	
Sechserzahlen	6	12	18	
	9	18		

b)
Neunerzahlen	9	18	27	
Sechserzahlen	6	12	18	
	3			

c)
Fünferzahlen	50	45	40	
Viererzahlen	40	36	32	
	90			

d)
Zehnerzahlen	100	90	80	
Einerzahlen	10	9	8	
	90			

e)
Neunerzahlen	9	18	27	
Dreierzahlen	3	6	9	
	12			

f)
Zweierzahlen	20	18	16	
Neunerzahlen	90	81	72	
	110	99		

5 Verdoppeln. Halbieren. Nachbaraufgaben.

a)
9 = ___ · 9
18 = ___ · 9

36 = ___ · 9
72 = ___ · 9

90 = ___ · 9
45 = ___ · 9

b)
27 = ___ · 9
54 = ___ · 9

81 = ___ · 9
72 = ___ · 9

63 = ___ · 9
54 = ___ · 9

c)
30 = ___ · 3
15 = ___ · 3

3 = ___ · 3
6 = ___ · 3

9 = ___ · 3
18 = ___ · 3

d)
6 = ___ · 6
12 = ___ · 6

24 = ___ · 6
48 = ___ · 6

60 = ___ · 6
30 = ___ · 6

e)
50 = ___ · 5
25 = ___ · 5

5 = ___ · 5
10 = ___ · 5

20 = ___ · 5
40 = ___ · 5

6 Probiere und erkläre den Fingertrick.

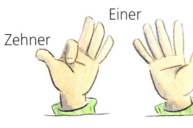

Zehner   Einer

2 · 9

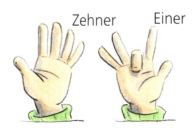

Zehner   Einer

8 · 9

4 Fortsetzen. Aus zwei gegebenen Einmaleinsreihen eine 3. Reihe herleiten und benennen. Kopiervorlagen nutzen.
6 Der umgeknickte Finger zeigt den Multiplikanden, die Finger links davon zeigen die Zehner des Ergebnisses, die Finger rechts davon die Einer des Ergebnisses.

1	2	3	4	5	6	7	8	9	10
11	12	13	14	15	16	17	18	19	20
21	22	23	24	25	26	27	28	29	30
31	32	33	34	35	36	37	38	39	40
41	42	43	44	45	46	47	48	49	50
51	52	53	54	55	56	57	58	59	60
61	62	63	64	65	66	67	68	69	70
71	72	73	74	75	76	77	78	79	80
81	82	83	84	85	86	87	88	89	90
91	92	93	94	95	96	97	98	99	100

1 a) Kreise in einer Hundertertafel die Neunerzahlen blau ein.

b) Kreise die Ergebnisse rot ein. Setze fort.

$1 \cdot 9 + 1 = 10$
$2 \cdot 9 + 2 = 20$
$3 \cdot 9 + 3 = \_\_\_$
$4 \cdot 9 + 4 = \_\_\_$
$5 \cdot 9 + 5 = \_\_\_$

Was fällt dir auf?

2 a) $4 \cdot 9 + \_\_\_ = 40$
$3 \cdot 9 + \_\_\_ = 30$
$5 \cdot 9 + \_\_\_ = 50$
$2 \cdot 9 + \_\_\_ = 20$
$1 \cdot 9 + \_\_\_ = 10$

b) $10 \cdot 9 + \_\_\_ = 90$
$9 \cdot 9 + \_\_\_ = 90$
$8 \cdot 9 + \_\_\_ = 80$
$7 \cdot 9 + \_\_\_ = 70$
$6 \cdot 9 + \_\_\_ = 60$

c) $3 \cdot 9 + \_\_\_ = 60$
$2 \cdot 9 + \_\_\_ = 50$
$5 \cdot 9 + \_\_\_ = 70$
$4 \cdot 9 + \_\_\_ = 50$
$7 \cdot 9 + \_\_\_ = 90$

3

$0 \cdot 9 = \_\_\_$
$1 \cdot 9 = \_\_\_$
$2 \cdot 9 = \_\_\_$
$3 \cdot 9 = \_\_\_$
$4 \cdot 9 = \_\_\_$
$5 \cdot 9 = \_\_\_$
$6 \cdot 9 = \_\_\_$
$7 \cdot 9 = \_\_\_$
$8 \cdot 9 = \_\_\_$
$9 \cdot 9 = \_\_\_$
$10 \cdot 9 = \_\_\_$

4 Vergleiche. Schreibe > oder = oder <.

a) $3 \cdot 9 \bigcirc 40$
$4 \cdot 9 \bigcirc 40$
$5 \cdot 9 \bigcirc 40$
$6 \cdot 9 \bigcirc 40$
$7 \cdot 9 \bigcirc 40$

b) $4 \cdot 9 \bigcirc 45$
$6 \cdot 9 \bigcirc 45$
$3 \cdot 9 \bigcirc 45$
$5 \cdot 9 \bigcirc 45$
$8 \cdot 9 \bigcirc 45$

c) $8 \cdot 9 \bigcirc 81$
$7 \cdot 9 \bigcirc 81$
$9 \cdot 9 \bigcirc 81$
$6 \cdot 9 \bigcirc 81$
$10 \cdot 9 \bigcirc 81$

5

zum Knobeln

Siam ist 7 Jahre alt.
Martin ist auch 7 Jahre alt.
Milla hat braunes Haar.
Siam hat Locken.

Wer ist wer?

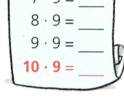

6 Welches Tier gehört wem?

zum Knobeln

Ara

Rudi

Wolli

Ara gehört Milan.
Oles Tier hat vier Beine.
Milans Tier hat zwei Beine.
Lias Tier hat krauses Fell.

W

7 a) $4 + 7 + 6$
$5 + 9 + 5$

b) $16 + 5 + 4$
$31 + 6 + 9$

c) $26 - 8 + 4$
$43 - 6 + 7$

d) $52 - 5 + 8$
$87 - 8 + 3$

Rechne geschickt.

1 Kopiervorlagen.
5 und **6** Logicals.

1

1	2	③	4	5	⑥	7	8	9	10
11	12	13	14	15	16	17	18	19	20
21	22	23	24	25	26	27	28	29	30

Kreise in einer Hundertertafel ein:
a) die Dreierzahlen grün
b) die Sechserzahlen rot
c) die Neunerzahlen blau

Welche Zahlen fallen besonders auf?

d) Schreibe Malaufgaben zu den eingekreisten Zahlen.

2 Rechne und vergleiche.

a) $5 \cdot 3$ b) $8 \cdot 3$ c) $3 \cdot 3$ d) $9 \cdot 3$ 🐝 e) $4 \cdot 3$ 🐝 f) $7 \cdot 3$
$5 \cdot 6$ $8 \cdot 6$ $3 \cdot 6$ $9 \cdot 6$ $4 \cdot 6$ $7 \cdot 6$
$5 \cdot 9$ $8 \cdot 9$ $3 \cdot 9$ $9 \cdot 9$ $4 \cdot 9$ $7 \cdot 9$

3
a)   ___ $\cdot 9 = 18$ b) ___ $\cdot 6 = 12$ c) ___ $\cdot 9 = 9$ 🐝 d) ___ $\cdot 6 = 36$ 🐬 e) ___ $\cdot 3 = 36$
    ___ $\cdot 3 = 18$ ___ $\cdot 3 = 12$ ___ $\cdot 3 = 9$ ___ $\cdot 9 = 36$ ___ $\cdot 9 = 99$
    ___ $\cdot 6 = 18$ ___ $\cdot 6 = 24$ ___ $\cdot 3 = 30$ ___ $\cdot 9 = 72$ ___ $\cdot 9 = 108$
    ___ $\cdot 3 = 27$ ___ $\cdot 3 = 24$ ___ $\cdot 6 = 30$ ___ $\cdot 9 = 81$ ___ $\cdot 6 = 72$
    ___ $\cdot 9 = 27$ ___ $\cdot 9 = 45$ ___ $\cdot 9 = 54$ ___ $\cdot 9 = 90$ ___ $\cdot 6 = 120$

4 In jeder Rechentafel sind drei Fehler.

a)

·	3	6	9
7	24	42	62
5	15	30	45
0	0	6	0

a) $7 \cdot 3 = 21$

b)

·	6	9	3
4	24	32	12
1	0	9	3
8	48	72	27

🐬 c)

·	9	3	6
9	82	27	54
12	108	39	72
20	180	60	140

5 # Ergebnisjagd

Wer sammelt die meisten Ergebnisse?

1. Setze einen Stein auf ein freies Feld in der Rechentafel. Rechne.
2. Setze einen anderen Stein auf das passende Ergebnisfeld.
3. Steht ein Stein deines Mitspielers dort, darfst du ihn hinauswerfen.
4. Sieger ist, wer am Ende die meisten Ergebnisfelder besetzt hat.

·	2	4	6
1			
2			
3			

Ergebnisfelder

2   4   6   8   12   18

1

Eine Woche hat 7 Tage.

a) 2 Wochen haben ___ Tage.

b) 3 Wochen haben ___ Tage.

c) 4 Wochen haben ___ Tage.

d) 5 Wochen haben ___ Tage.

Setze fort.

2 Diese Aufgaben kennst du schon.

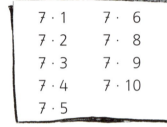

$7 \cdot 1$	$7 \cdot 6$
$7 \cdot 2$	$7 \cdot 8$
$7 \cdot 3$	$7 \cdot 9$
$7 \cdot 4$	$7 \cdot 10$
$7 \cdot 5$	

Rechne die Tauschaufgaben.

3 Kernaufgaben

$1 \cdot 7 =$ ___

$2 \cdot 7 =$ ___

$5 \cdot 7 =$ ___

$10 \cdot 7 =$ ___

4 Von den Kernaufgaben zu den anderen Aufgaben.

$2 \cdot 7$	$2 \cdot 7$	$5 \cdot 7$	$5 \cdot 7$	$10 \cdot 7$	$10 \cdot 7$
$1 \cdot 7$	$2 \cdot 7$	$1 \cdot 7$	$2 \cdot 7$	$2 \cdot 7$	$1 \cdot 7$
$\mathbf{3 \cdot 7}$	$\mathbf{4 \cdot 7}$	$\mathbf{6 \cdot 7}$	$\mathbf{7 \cdot 7}$	$\mathbf{8 \cdot 7}$	$\mathbf{9 \cdot 7}$

5

$0 \cdot 7 =$ ___

$1 \cdot 7 =$ ___

$2 \cdot 7 =$ ___

$3 \cdot 7 =$ ___

$4 \cdot 7 =$ ___

$5 \cdot 7 =$ ___

$6 \cdot 7 =$ ___

$7 \cdot 7 =$ ___

$8 \cdot 7 =$ ___

$9 \cdot 7 =$ ___

$10 \cdot 7 =$ ___

6

a) $8 \cdot 7$ b) $3 \cdot 7$ c) $7 \cdot 7$ d) $11 \cdot 7$

   $4 \cdot 7$ $6 \cdot 7$ $6 \cdot 7$ $12 \cdot 7$

   $2 \cdot 7$ $9 \cdot 7$ $5 \cdot 7$ $20 \cdot 7$

7 Wie viele Wochen sind es?

a) 28 Tage	b) 42 Tage	c) 7 Tage	d) 35 Tage	e) 140 Tage
21 Tage	49 Tage	70 Tage	77 Tage	280 Tage
14 Tage	63 Tage	56 Tage	84 Tage	105 Tage

8 Wie viele Wochen und Tage sind es?

a) 20 Tage      b) 42 Tage   c) 10 Tage   d) 56 Tage

   21 Tage   43 Tage   14 Tage   55 Tage

   22 Tage   44 Tage   18 Tage   53 Tage

9 a) Peter hat in 6 Wochen Geburtstag.   c) Vor 3 Wochen und 4 Tagen

   Wie viele Tage muss er noch warten?   hatte Elina Geburtstag.

b) In 4 Wochen findet das Schulfest statt.   Wie viele Tage sind vergangen?

   Wie viele Tage sind es noch?

1 Die Siebenerstruktur des Kalenders besprechen. **2** Aus bereits bekannten Aufgaben Tauschaufgaben bilden.
8 Aufgaben mit Rest.

1 Meine Marienkäfer haben zusammen 28 Punkte. Wie viele Käfer sind es?

2 In unserem Garten haben fünf Siebenschläfer überwintert. Jeder schlief sieben Monate.

3 Ein Igel schläft im Winter zwölf Wochen. Wie viele Tage sind es?

4 a) 70 = ___ · 7   b) 21 = ___ · 7   c)   7 = ___ · 7   d) 14 = ___ · 2   e) 63 = ___ · 9
          35 = ___ · 7   42 = ___ · 7   14 = ___ · 7   42 = ___ · 6   45 = ___ · 9
          63 = ___ · 7   49 = ___ · 7   28 = ___ · 7   56 = ___ · 8   72 = ___ · 9

5 Rechne mit Siebenerzahlen.

a) 28 + 7   b) 42 + 42   c) 49 – 7   d) 28 – 14   e) 14 + 28
   42 + 7   21 + 21   63 – 7   84 – 21   28 + 35
   14 + 7   14 + 14   56 – 7   56 – 42   56 + 28
   63 + 7   35 + 35   35 – 7   49 – 35   49 + 49
   49 + 7   28 + 21   21 – 7   70 – 42   35 + 56

6 a) 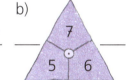   b) 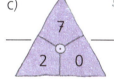   c) 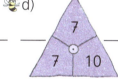   d) 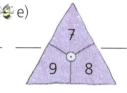   e)

21

Dreiecke:
a) 7 / 3 4
b) 7 / 5 6
c) 7 / 2 0
d) 7 / 7 10
e) 7 / 9 8

7 a)   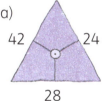   b) 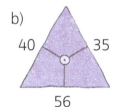   c) 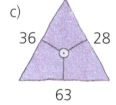   d) 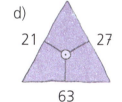   e)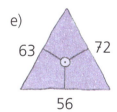

a) 42   24   28
b) 40   35   56
c) 36   28   63
d) 21   27   63
e) 63   72   56

8 a) In Opas Garten sind Kaninchen und Hühner. Zusammen haben sie 22 Beine. Wie viele Kaninchen und wie viele Hühner können es sein?

b) In Nachbars Garten sind Enten und Katzen. Zusammen haben sie 28 Beine. Wie viele Enten und wie viele Katzen können es sein?

2 Scherzaufgabe. **8** Mehrere Lösungen. Evtl. mit Hilfe einer Skizze, Tabelle oder mit Material lösen.

1

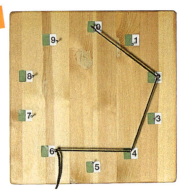

Zieht den Faden von Null
zu jeder Zweierzahl.

$0 \cdot 2 = $ **0**

$1 \cdot 2 = $ **2**	$6 \cdot 2 = $ **12**
$2 \cdot 2 = $ **4**	$7 \cdot 2 = $ ___
$3 \cdot 2 = $ ___	$8 \cdot 2 = $ ___
$4 \cdot 2 = $ ___	$9 \cdot 2 = $ ___
$5 \cdot 2 = $ ___	$10 \cdot 2 = $ ___

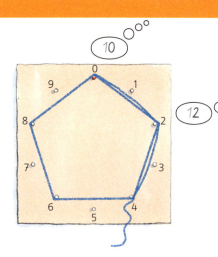

2

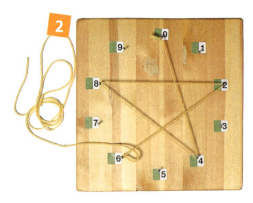

Zieht den Faden von Null
zu jeder Viererzahl.

$0 \cdot 4$

$1 \cdot 4$	$6 \cdot 4$
$2 \cdot 4$	$7 \cdot 4$
$3 \cdot 4$	$8 \cdot 4$
$4 \cdot 4$	$9 \cdot 4$
$5 \cdot 4$	$10 \cdot 4$

Beachtet nur
die Einerstelle.

3 Spannt und zeichnet
zu allen Einmaleinsreihen
die Muster.

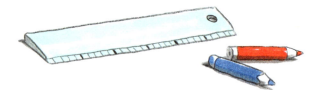

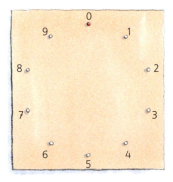

Forschungs-
auftrag

4 a) Welche Einmaleinsreihen könnten es sein? Überprüft.

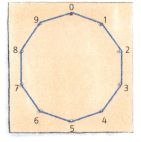

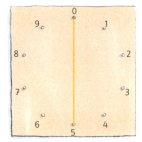

Forschungs-
auftrag

b) Wie viele verschiedene Muster gibt es?

5 In jeder Rechentafel sind zwei Fehler.

a)

·	4	3	6
5	20	15	35
3	16	9	18

a)	5 · 6 =		

b)

·	7	2	8
4	32	8	32
6	42	12	40

c)

·	4	5	7
11	44	55	66
12	50	60	84

1 Einmaleinsbretter herstellen. Kopiervorlage nutzen.

1 Wie viele Steckwürfel braucht ihr jeweils?

 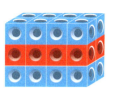 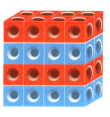

a) **eine** Schicht
$1 \cdot 4 \cdot 2 = $ ___

b) **zwei** Schichten
$2 \cdot 4 \cdot 2 = $ ___

c) **drei** Schichten
$3 \cdot 4 \cdot 2 = $ ___

d) **vier** Schichten
_____

2 Setzt das Muster fort.

 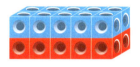 

a) $1 \cdot 5 \cdot $ ___ $ = $ ___

b) $2 \cdot$ _____

c) $3 \cdot$ _____

 3 Baut und rechnet. Fällt euch etwas auf?

  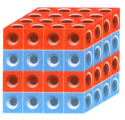

a) $2 \cdot$ ___ $\cdot$ ___ $ = $ ___

b) $3 \cdot$ _____

c) $4 \cdot$ _____

 4 Wie viele Steckwürfel braucht ihr jeweils? Rechnet und prüft.
Schreibt passende Malaufgaben.

A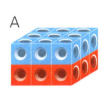

B

C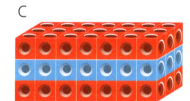

D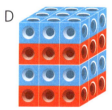

5 Könnt ihr einen großen Würfel bauen
a) aus 25 Steckwürfeln?   b) aus 27 Steckwürfeln?

Begründet.

 6  Welches sind **Quader**, welches **Würfel**? Rechnet und begründet.

Quader

a)	b)	c)	d)
$4 \cdot 2 \cdot 3$	$2 \cdot 2 \cdot 2$	$2 \cdot 2 \cdot 7$	$4 \cdot 4 \cdot 4$
$2 \cdot 2 \cdot 6$	$3 \cdot 3 \cdot 5$	$2 \cdot 3 \cdot 6$	$4 \cdot 3 \cdot 4$
$3 \cdot 3 \cdot 3$	$5 \cdot 2 \cdot 4$	$2 \cdot 4 \cdot 5$	$5 \cdot 5 \cdot 4$
$2 \cdot 3 \cdot 2$	$2 \cdot 2 \cdot 4$	$1 \cdot 1 \cdot 1$	$5 \cdot 6 \cdot 2$

1 8 12 16 24 24 27 28 36 40 40 45 48 60 64 100

Teilweise die Aufgaben nur rechnerisch lösen. **3** Diff.: Das Muster fortsetzen.

1 Trage passende Rechenzeichen ein.

a)
$$24 \bigcirc 6 = 9 \bigcirc 2$$

Nick **probiert** und **radiert:**

a) $24 \oplus 6 = 9 \odot 2$
30   18
zu viel   mehr geht nicht

a) $24 \ominus 6 = 9 \odot 2$
18   18
ist gleich

b) $30 \bigcirc 6 = 4 \bigcirc 6$
c) $20 \bigcirc 5 = 5 \bigcirc 5$
d) $40 \bigcirc 10 = 5 \bigcirc 6$
e) $70 \bigcirc 60 = 80 \bigcirc 8$
f) $20 \bigcirc 22 = 7 \bigcirc 6$

g) $4 \bigcirc 6 = 3 \bigcirc 8$
h) $5 \bigcirc 9 = 9 \bigcirc 5$

i) $49 \bigcirc 7 = 56 \bigcirc 8$
j) $27 \bigcirc 3 = 3 \bigcirc 3$

2 Immer das gleiche Ergebnis.

a) $48 - 24$
$49 - 25$
$50 - 26$

b) $3 + 40$
$13 + 30$
$23 + 20$

c) $87 - 5 - 40$
$87 - 15 - 30$
$87 - 25 - 20$

Denkt euch weitere Aufgaben aus.

3 Wo passen die Zahlen?

a)
3
4
5
7
9
16

b)
0
1
1
14
15
16

c)
2
3
5
11
14
19

d)
0
0
20
20
20
40

W

4 Stelle starke Päckchen zusammen. Rechne. Setze fort.

a)

34 + 32   36 + 34
35 + 33   33 + 31

b)

98 – 51   98 – 53
98 – 52   98 – 50

c)

46 – 25   49 – 30
43 – 20   40 – 15

5 Welche Zahlen passen?

a) ____ · 4 < 20   a) 0, 1, 2,
b) ____ · 5 < 30
c) ____ · 8 < 30
d) ____ · 7 < 40

6 Jede Rechentafel enthält vier Fehler. Überprüfe. Rechne richtig.

a)

Malaufgaben

·	10	5	1
10	100	50	0
5	50	20	5
3	20	15	0

a) 1 0 · 1 =

b)

·	2	4	8
2	4	8	14
3	6	12	28
4	10	16	24

c)

·	2	4	8
5	10	30	40
6	18	24	40
7	14	21	56

7 Opa verteilt 40 € gleichmäßig an seine Enkelkinder. Wie viel Geld bekommt jedes Kind?

Je weniger Enkel, desto …

a) 10 Enkel   b) 8 Enkel   c) 5 Enkel   d) 4 Enkel

1 Erleben, welche Rechenzeichen zum größten/kleinsten Ergebnis führen. h) Zwei Lösungen.

1 Auf dem Schulfest steht ein Glücksrad.

Rot gewinnt.

sicher	möglich	unmöglich
	aber nicht sicher	

Entscheidet und begründet.

A „Ich treffe ein rotes Feld."
B „Ich treffe ein grünes Feld."
C „Ich treffe rot oder gelb."

A	möglich

2 **Grün** gewinnt.

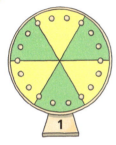    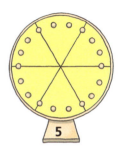

Bei welchen Rädern ist ein Gewinn

a) möglich? b) sicher? c) unmöglich?

3 Malt passende Glücksräder.

a)

A „**Gelb** gewinnt sicher."
B „Es ist möglich, aber nicht sicher, dass gelb gewinnt."
C „Es ist unmöglich, dass gelb gewinnt."

b)

A „**Blau** gewinnt sicher."
B „Es ist möglich, aber nicht sicher, dass blau gewinnt."
C „Es ist unmöglich, dass blau gewinnt."

4 **Rot** gewinnt.
Welches Rad würdet ihr wählen? Begründet.

  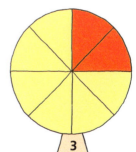

Glücksrad bauen. **3** Kopiervorlagen. Diff.: Eigene Glücksräder erfinden.
4 Gewinnchancen besprechen.

1 Falte dein Segelboot.

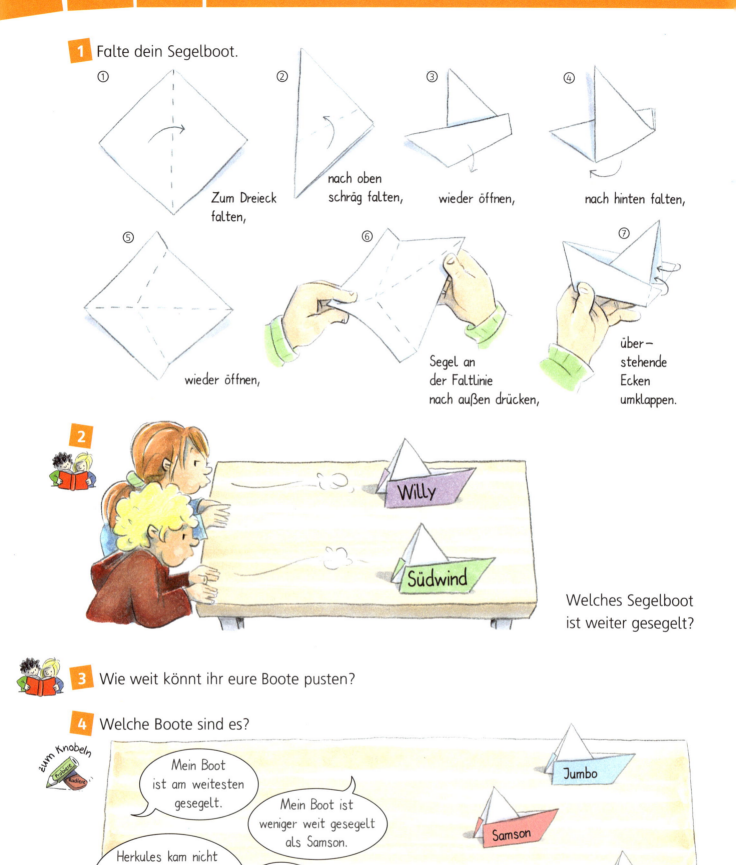

① Zum Dreieck falten,

② nach oben schräg falten,

③ wieder öffnen,

④ nach hinten falten,

⑤ wieder öffnen,

⑥ Segel an der Faltlinie nach außen drücken,

⑦ über – stehende Ecken umklappen.

2

Willy

Südwind

Welches Segelboot ist weiter gesegelt?

3 Wie weit könnt ihr eure Boote pusten?

4 Welche Boote sind es?

zum Knobeln

Probiere
Radiere

Mein Boot ist am weitesten gesegelt.

Mein Boot ist weniger weit gesegelt als Samson.

Herkules kam nicht so weit wie mein Boot. Jumbo kam ein Stück weiter.

Zwei Schiffe segelten nicht so weit wie mein Boot.

Jumbo

Samson

Tiffi

Herkules

1 Quadratisches Papier falten.
4 Direktes Vergleichen. Jede Sprechblase gehört zu einem Boot.

Körpermaße

Schritt   Fuß   Spanne   Daumen

Wie weit segelten die Boote?

Boot von

Marie
Paul
Laura

1 a) Lasst eure Boote von einer Linie aus starten.
Einigt euch auf ein geeignetes Körpermaß
und messt die Länge damit.

b) Legt eine Tabelle an. Vergleicht.

2 Wählt ein geeignetes Körpermaß.

a) Schätzt und messt die Längen. Vergleicht.

Flur   Schultasche   Schwamm

Tisch   Federmappe   Bleistift   Mathebuch

Heft   Brotdose   Anspitzer   Trinkflasche

	geschätzt	gemessen
Flurlänge	1 5 Schritte	1 9 Schritte
Flurbreite		

b) Sucht weitere Gegenstände und messt sie.

3  Kann das stimmen?

a) „Der Flur ist vier Spannen lang."

b) „Der Anspitzer ist zwei Daumen breit."

c) „Das Mathebuch ist einen Fuß breit."

d) „Die Schultasche ist fünf Schritte hoch."

e) „Der Bleistift ist zehn Daumen lang."

f) „Der Klassenraum ist sechs Füße breit."

g) „Der Tisch ist fünf Spannen breit."

h) „Die Brotdose ist sieben Schritte lang."

1 Gruppenarbeit. Spanne: Fingerspanne. **2** Kopiervorlage.

1 Wie lang ist der Klassenraum? Vergleicht und begründet.

Klassenraum
Länge: 10 Schritte
Lena

Klassenraum
Länge: 13 Schritte
Tim

2 Die Körpermaße sind bei jedem anders, aber **ein Meter** ist immer gleich lang.

1 Meter	1 m

Bis wohin reicht bei dir ein Meter?

3 Stellt Meterstäbe oder Meterbänder her und messt damit.
Schätzt zuerst. Notiert in einer Tabelle.

a) Klassenraum
b) Flur
c) Tür
d) Tisch
e) Fenster
f) Tafel
g) Schultasche

		geschätzt	gemessen
a)	Klassenraum		
	Länge	1 0 m	
	Breite		

4 **Kann das stimmen?**

a) „Eine Tür ist etwa 5 m breit."

b) „Der Papierkorb ist niedriger als 1 m."

c) „Das Schulgebäude ist 2 m hoch."

d) „Der Klassenraum ist länger als 20 m."

e) „Der Schulhof ist 3 m lang."

f) „Die Tür ist ungefähr 2 m hoch."

g) „Die aufgeklappte Tafel ist 4 m breit."

h) „Der Tisch ist höher als 1 m."

1 Feststellen: Ein Einheitsmaß ist notwendig. **2** Auf die Einteilung im Meterstab noch nicht eingehen.
3 Ungefähres Messen: Nur volle Meter berücksichtigen.

Ein Meter ist eingeteilt in 100 Zentimeter.

1 m = 100 cm

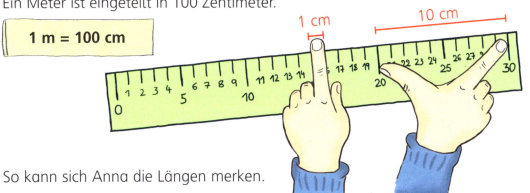

So kann sich Anna die Längen merken.

1 Zeige an deinem Körper.
   a) 1 cm   b) 10 cm   c) 100 cm

2 Wer misst richtig? Begründe.

Tom

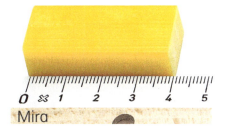
Mira

Sina

3 Messt verschiedene Dinge im Klassenraum.
Schätzt zuerst. Notiert in einer Tabelle.

Anspitzer

Büroklammer

	geschätzt	gemessen
Schere	12 cm	14 cm

Bleistift

4 Wie lang sind die Streifen? Schätze zuerst.
   a)   b)
   c)   d)   e)
   f)   g)
   h)   i)

W

5 a)     b)

1 Zeichne Strecken. Spitze erst deinen Bleistift an.

a) 3 cm lang 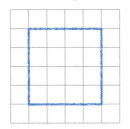 d) 4 cm lang g) 7 cm lang j) 8 cm lang

b) 10 cm lang e) 5 cm lang h) 1 cm lang k) 6 cm lang

c) 2 cm lang f) 12 cm lang i) 9 cm lang l) 11 cm lang

2 Zeichne Quadrate.

a) Seitenlänge 2 cm

b) Seitenlänge 5 cm

c) Seitenlänge 4 cm

d) Seitenlänge 7 cm

e) Seitenlänge 8 cm

f) Seitenlänge 9 cm

g) Seitenlänge 6 cm

h) Seitenlänge 10 cm

3 Setze das Muster im Heft fort.

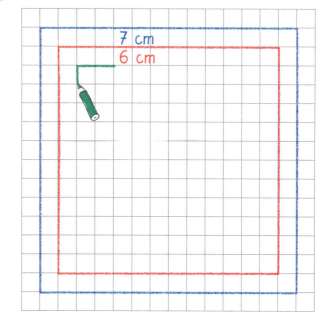

4 Zeichne Rechtecke.

a) Länge 3 cm, Breite 1 cm

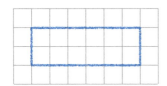

b) Länge 4 cm, Breite 3 cm

c) Länge 6 cm, Breite 4 cm

d) Länge 7 cm, Breite 1 cm

e) Länge 8 cm, Breite 5 cm

f) Länge 10 cm, Breite 2 cm

5 Setze das Muster im Heft fort.

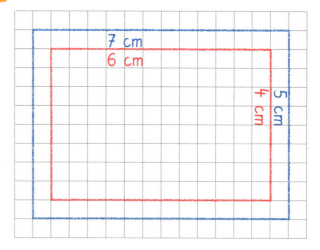

6 Welcher Weg ist am längsten? Vermute erst.

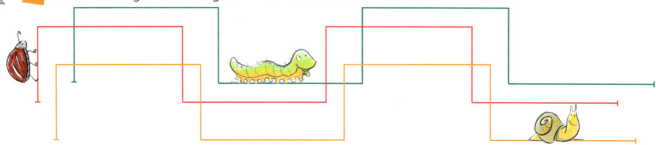

1 Anfang und Ende einer Strecke kennzeichnen.
3 Sieben Quadrate. Die Seitenlänge wird immer um 1 cm kürzer.

1 m = 100 cm

1 Kann das stimmen?

a) „In der zweiten Klasse sind alle Kinder größer als 1 m, aber kleiner als 2 m."

b) „In meiner Klasse sind alle Jungen größer als die Mädchen."

2 Messt alle Kinder eurer Tischgruppe. Vergleicht.

Name	Größe
Anna	1 m 2 1 c m

3 Helen ist 17 cm größer als David. David ist 1 m 13 cm.

a) Welche Skizze passt?

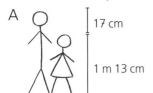   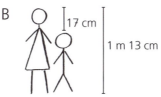   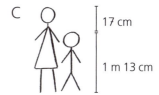

b) Wie groß ist Helen? Rechne und antworte.

4 Tim ist 1 m 26 cm groß. Lisa ist 12 cm kleiner. Wie groß ist Lisa? Zeichne eine Skizze. Rechne und antworte.

5 Zeichne eine Skizze von dir und einem Kind aus deiner Klasse. Wer ist größer von euch beiden?

6

Körpergröße	Tischhöhe	Sitzhöhe	Kennfarbe
1 m 28 cm bis 1 m 42 cm	58 cm	34 cm	🟡
1 m 43 cm bis 1 m 57 cm	64 cm	38 cm	🔴
1 m 58 cm bis 1 m 72 cm	70 cm	42 cm	🟢

a) Überprüft: Passen eure Tische und Stühle zu eurer Körpergröße? Die Angaben in der Tabelle helfen euch.

b) Welche Kennfarben müsste es in eurer Klasse geben?

7 Welche Kennfarbe müssen Tisch und Stuhl jeweils haben?

a) Anne   1 m 45 cm
   Lisa   1 m 28 cm
   Mario   1 m 37 cm

b) Eva   1 m 43 cm
   Marc   1 m 26 cm
   Tobias 1 m 42 cm

c) Jonas   1 m 44 cm
   Lena   1 m 22 cm
   Martin 1 m 35 cm

1

1 cm	10 cm

Wie lang sind die grünen Streifen? **Schätze**, vergleiche.

a)

b)

c)

... das Doppelte ...
... die Hälfte ...
... 1 cm mehr ...

d)

e)

f)

2

40 Centstücke

 Kann das stimmen?

Laura: „Diese Geldrolle enthält 10 Centstücke."

Ali: „Hier sind 80 Centstücke."

Ben: „Da sind 20 Centstücke drin."

W

3

a)	b)	c)	d)	e)
7 + 5	9 + 8	6 + 7	2 + 4	4 + 5
17 + 5	19 + 8	16 + 7	12 + 4	14 + 5
47 + 5	39 + 8	66 + 7	12 + 24	24 + 15
47 + 7	39 + 6	66 + 9	32 + 24	44 + 25
67 + 7	59 + 6	86 + 9	42 + 35	54 + 34

6 9 12 13 16 17 19 22 23 27 36 39 45 47 52 54 56 65 69 73 74 75 77 88 95

4

starke Päckchen

a)
$20 + \underline{\quad} = 100$
$30 + \underline{\quad} = 90$
$40 + \underline{\quad} = 80$
$\underline{\quad} + \underline{\quad} = \underline{\quad}$

b)
$30 + \underline{\quad} = 40$
$32 + \underline{\quad} = 40$
$34 + \underline{\quad} = 40$
$\underline{\quad} + \underline{\quad} = 40$

c)
$39 + \underline{\quad} = 39$
$37 + \underline{\quad} = 39$
$35 + \underline{\quad} = 39$
$\underline{\quad} + \underline{\quad} = \underline{\quad}$

d)
$55 + \underline{\quad} = 58$
$52 + \underline{\quad} = 57$
$49 + \underline{\quad} = 56$
$\underline{\quad} + \underline{\quad} = \underline{\quad}$

5

a)	b)	c)	d)	e)
12 − 5	13 − 7	18 − 5	16 − 4	17 − 3
32 − 5	23 − 7	28 − 5	46 − 4	57 − 3
42 − 5	23 − 8	28 − 15	46 − 14	57 − 33
42 − 6	25 − 8	58 − 15	76 − 24	67 − 34
45 − 6	27 − 8	78 − 35	76 − 25	87 − 34

6 7 12 13 13 14 15 16 17 19 23 24 27 32 33 36 37 39 42 43 43 51 52 53 54

1 und 2 Schätzen durch Vergleichen mit einer gegebenen Größe.
3 bis 5 Grundlagensicherung für das nächste Additions- und Subtraktionskapitel.

1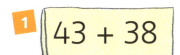

Ich rechne 40 + 40. Das Ergebnis ist ungefähr 80.

Ich rechne 50 + 40. Das Ergebnis muss kleiner als 90 sein.

Ich rechne 40 + 30. Das Ergebnis muss größer als 70 sein.

2 Wie groß muss das Ergebnis **ungefähr** sein? 30, 60 oder 90?

ungefähr 30	ungefähr 60	ungefähr 90

a) 48 + 37   d) 15 + 44   g) 64 + 28   j) 37 + 58

b) 52 + 31   e) 23 + 11   h) 41 + 17   k) 18 + 36

c) 19 + 13   f) 48 + 49   i) 22 + 11   l) 17 + 18

3

ungefähr 20	ungefähr 50	ungefähr 80

Ungefähr?

a) 100 − 22   d) 48 − 23   g) 77 − 28   j) 72 − 48

b) 80 − 32   e) 98 − 81   h) 95 − 20   k) 94 − 17

c) 65 − 43   f) 97 − 45   i) 82 − 61   l) 96 − 48

4 Stellt euch gegenseitig Rechenaufgaben. Nennt nur das ungefähre Ergebnis.

W

5 Wie lang sind die Strecken?

a) ⊢————————————————⊣   e) ⊢—————————⊣

b) ⊢——————————⊣   f) ⊢————————⊣

c) ⊢——————⊣   g) ⊢———————————————⊣

d) ⊢——⊣   h) ⊢————————————————⊣

a) 8 cm

6 Wie viele Wochen sind es?

a) 14 Tage   b) 21 Tage   c) 70 Tage   d) 49 Tage   e) 28 Tage   f) 42 Tage

7

a) __ · 2 = 16   b) __ · 3 = 18   c) __ · 2 = 20   d) __ · 10 = 30   e) __ · 3 = 24

__ · 8 = 16   __ · 6 = 18   __ · 5 = 20   __ · 6 = 30   __ · 6 = 24

__ · 4 = 12   __ · 9 = 36   __ · 10 = 20   __ · 5 = 40   __ · 8 = 24

__ · 3 = 12   __ · 4 = 36   __ · 4 = 20   __ · 4 = 40   __ · 4 = 24

---

1 bis 4 Auf Rundungsregeln noch verzichten. Es kommt vorerst nur auf die ungefähre Größenordnung an.

Möchtest du in den Zoo gehen?
Im Internet kannst du
Informationen finden.

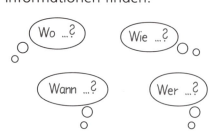

Wo …? Wie …?

Wann …? Wer …?

1 Welche Frage passt jeweils? Rechne und antworte.

ZOO – EINTRITT

Erwachsene	12 €
Kinder	6 €
Lageplan	2 €
Zoobuch	4 €

a)

KASSE

A Wie viel Euro haben sie?

B Wie viel Euro
bekommen sie zurück?

C Wie viel müssen sie
insgesamt bezahlen?

b)

KASSE

A Wie viel Geld bekommt
das Kind zurück?

B Wie viel Geld hat der
Zoo heute eingenommen?

C Wie viel kostet der
Eintritt für Erwachsene?

c)

Ich habe 50 €.
Ich kaufe das
Zoobuch.

A Wie lange ist der Zoo
geöffnet?

B Wie viel kosten Plan
und Buch zusammen?

C Wie viel Geld
bekommt sie zurück?

d) Jana hat noch 10 €.
Sie möchte drei Zoobücher kaufen.

A Wie viel Geld hat Janas Freundin?

B Reicht das Geld?

C Wie viel kostet der Eintritt?

e) Furkan und seine Eltern gehen
in den Zoo.

A Wann gehen sie in den Zoo?

B Wie viel müssen sie bezahlen?

C Reicht das Geld?

2 Schreibe immer eine passende Frage. Rechne und antworte.

a) Nina geht mit ihrer Oma
und ihrem Opa in den Zoo.

b) Für die Flugschau der Greifvögel haben
sich 13 Mädchen, zehn Jungen und
vier Begleitpersonen angemeldet.

c) Nele hat noch 21 €.
Sie kauft einen Lageplan.

d) Jonas geht mit seinen vier Freunden
in den Zoo.

Internetadresse des örtlichen Zoos herausfinden.
1 und **2** Passende Frage auswählen, Rechnung und Antwort im Heft notieren.

3 Welche Rechengeschichte passt zur Aufgabe? Rechne und antworte.

a) 4 · 6 € = ___

A Lisa geht in den Zoo. Sie zahlt den Eintritt und kauft ein Zoobuch.
Wie viel muss sie insgesamt bezahlen?

B Felix und seine drei Freunde gehen in den Zoo. Wie teuer ist der Eintritt für alle zusammen?

b) 50 € – 30 € = ___

A Die Zooführung für die Klasse 2a kostet 30 €. Frau Büscher zahlt mit einem 50-€-Schein.
Wie viel Geld bekommt sie zurück?

B Herr Hacker bezahlt für den Eintritt 50 € und für die Zooführung 30 €.
Wie viel muss er insgesamt bezahlen?

c) 8 · 4 = ___

A Im Gehege sind acht Elefanten.
Wie viele Beine haben die Tiere zusammen?

B Im Streichelzoo sind acht Ziegen und vier Kaninchen.
Wie viele Tiere sind es zusammen?

4 Welches Bild passt zur Rechengeschichte? Rechne und antworte.

a) Im Streichelzoo zählt Lennart sechs Enten.
Wie viele Entenbeine sind es zusammen?

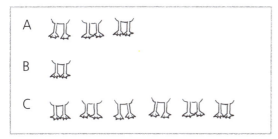

b) Im Streichelzoo gibt es drei Ziegen.
Wie viele Beine sind es zusammen?

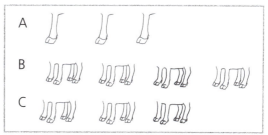

c) Das Känguru Tommi schafft mit einem Sprung drei Meter.
Wie weit kommt es mit vier Sprüngen?

A 3m 3m 3m

B 3m 3m 3m 3m

C 4m 4m 4m

d) Das Känguru Floppi schafft mit einem Sprung fünf Meter.
Wie weit kommt es mit vier Sprüngen?

A 5m 5m 5m 5m

B 4m 4m 4m

C 4m 4m 4m 4m

e) Das Känguru Jimmy schafft mit einem Sprung vier Meter.
Wie weit springt es mit fünf Sprüngen?
Zeichne eine Skizze. Rechne und antworte.

3 Passende Rechengeschichte auswählen, Rechnung und Antwort im Heft notieren.
4 Passende Skizze zur Rechengeschichte auswählen, Rechnung und Antwort im Heft notieren.

1

100 €

Leonie hat 65 € gespart.
Wie viel Geld fehlt ihr noch?

Pia:
65 + 30 = 95
95 + 5 = 100
30 + 5 = 35

Tim:
65 + 5 = 70
70 + 30 = 100
5 + 30 = 35

Mein Weg:

2 Rechne auf deinem Weg.

a) 56 + ___ = 100
b) 62 + ___ = 100
c) 34 + ___ = 100
d) 43 + ___ = 100
e) 87 + ___ = 100
f) 91 + ___ = 100
g) 78 + ___ = 100
h) 29 + ___ = 100

 3

a) 22 + ___ = 100
44 + ___ = 100
66 + ___ = 100

b) 33 + ___ = 100
77 + ___ = 100
99 + ___ = 100

c) 25 + ___ = 100
28 + ___ = 100
48 + ___ = 100

d) 47 + ___ = 100
57 + ___ = 100
67 + ___ = 100

4

a)
40 + ___ = 100
42 + ___ = 100
44 + ___ = 100
46 + ___ = 100
___ + ___ = ___

b)
70 + ___ = 100
71 + ___ = 100
72 + ___ = 100
73 + ___ = 100
___ + ___ = ___

c)
95 + ___ = 100
85 + ___ = 100
75 + ___ = 100
65 + ___ = 100
___ + ___ = ___

d)
23 + ___ = 100
33 + ___ = 100
43 + ___ = 100
53 + ___ = 100
___ + ___ = ___

e) Welches Päckchen beschreibt Ella?

„Die erste Zahl wird immer um 10 kleiner.
Die zweite Zahl wird immer um 10 größer.
Deshalb bleibt das Ergebnis gleich."

 f) Sucht andere Päckchen aus. Beschreibt sie euch gegenseitig.

5 Kombiniere: Von jeder Farbe eine Karte.
Immer das gleiche Ergebnis.

  a)

30	25
15	7	40
33	10

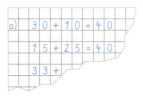
a) 30 + 10 = 40
15 + 25 = 40
33 +

b)
59	4	40
38	1	50	100
46	2	60

6 a)  2 5 4 3 6 9
b)  18 24 12 30 3 6

1

Laura spart für einen Fußball.
Sie bekommt 2 € Taschengeld in der Woche.
Sie hat schon 36 € gespart.

2
a)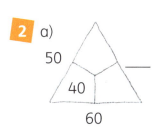

b)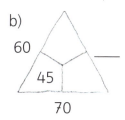

c)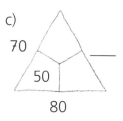

d)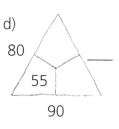

e)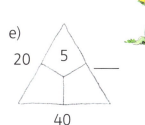

f)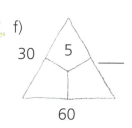

g)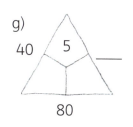

h)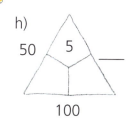

3

a)
$20 + \_\_ = 50$
$22 + \_\_ = 50$
$24 + \_\_ = 50$
$26 + \_\_ = 50$
$\_\_ + \_\_ = \_\_$

b)
$37 + \_\_ = 60$
$36 + \_\_ = 60$
$35 + \_\_ = 60$
$34 + \_\_ = 60$
$\_\_ + \_\_ = \_\_$

c)
$25 + \_\_ = 50$
$35 + \_\_ = 60$
$45 + \_\_ = 70$
$55 + \_\_ = 80$
$\_\_ + \_\_ = \_\_$

d)
$29 + \_\_ = 80$
$27 + \_\_ = 70$
$25 + \_\_ = 60$
$23 + \_\_ = 50$
$\_\_ + \_\_ = \_\_$

e) Welches Päckchen beschreibt Leo?

„Die erste Zahl wird immer um 2 kleiner.
Die zweite Zahl wird immer um 8 kleiner.
Deshalb wird das Ergebnis immer um 10 kleiner."

 f) Sucht andere Päckchen aus. Beschreibt sie euch gegenseitig.

4 Kombiniere: Von jeder Farbe eine Karte.
Immer das gleiche Ergebnis.

a)
25	7	10
34	5	20	50
13	6	30

b)
47	4	40
51	9	30	80
36	3	20

c)
34	3	8
27	0	6	60
52	20	30

5 a)    b)

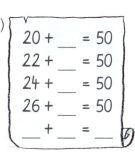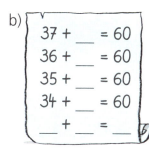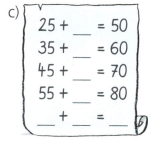

1 Verschiedene Fragestellungen möglich. Passend dazu rechnen und antworten.
2 Kopiervorlage.

1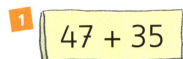

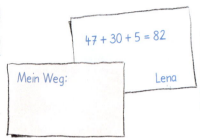

47 + 30 + 5 = 82

Mein Weg: Lena

40 + 30 = 70
7 + 5 = 12
70 + 12 = 82
Tom

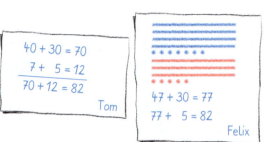

47 + 30 = 77
77 + 5 = 82
Felix

2 Wie rechnet ihr? Vergleicht miteinander.

a) 37 + 16   b) 56 + 38   c) 25 + 36   🐝 d) 65 + 27   🐝 e) 27 + 35

3
a)	b)	🐝 c)	🐝 d)	🐬 e)
26 + 5	18 + 17	25 + 18	34 + 36	43 + 29
26 + 15	18 + 27	25 + 28	35 + 37	38 + 38
26 + 25	18 + 37	25 + 48	36 + 38	49 + 37
26 + 35	18 + 57	27 + 38	37 + 34	56 + 38
26 + 45	18 + 77	27 + 58	38 + 35	45 + 47
26 + 65	18 + 82	27 + 68	39 + 36	37 + 37

31 35 41 43 45 51 53 55 61 65 70 71 71 72 72 73 73 74 74 75 75 76 85 86 91 92 94 95 95 100

4

a)
39 + 7
39 + 17
39 + 27
39 + ___
___ + ___

b)
18 + 6
17 + 16
16 + 26
15 + ___
___ + ___

🐝 c)
27 + 8
37 + 9
47 + 10
57 + ___
___ + ___

🐬 d)
15 + 50
18 + 48
21 + 46
24 + ___
___ + ___

e) Welches Päckchen beschreibt Lennart?

„Die erste Zahl wird immer um 1 kleiner.
Die zweite Zahl wird immer um 10 größer.
Deshalb wird das Ergebnis immer um 9 größer."

 f) Sucht andere Päckchen aus. Beschreibt sie euch gegenseitig.

5 Kombiniere: Von jeder Farbe eine Karte.
Immer das gleiche Ergebnis.

a)
35	28	0
29	25	14
18	6	25

60

b)
27	5	15
36	17	10
28	13	14

55

c)
36	10	20
24	30	38
17	16	25

72

1 Verschiedene Lösungswege vergleichen und begründen.
1 bis **4** Aufgaben auf eigenem Weg lösen.

1

38 + 29

38 + 2 = 40
40 + 27 = 67
Malte

38 + 29
‾‾‾‾‾‾‾‾
38 + 30 = 68
68 − 1 = 67
Franzi

Mein Weg:

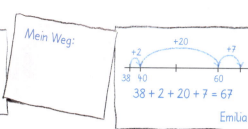

+2   +20   +7
38 40   60
38 + 2 + 20 + 7 = 67
Emilia

2 Probiere unterschiedliche Rechenwege.

a) 42 + 19   b) 29 + 35   c) 17 + 49   d) 43 + 39   e) 19 + 68

3
a)	b)	c)	d)	e)
45 + 37	26 + 29	36 + 38	46 + 15	58 + 39
26 + 55	39 + 15	37 + 36	35 + 27	59 + 37
47 + 39	29 + 44	42 + 49	57 + 38	53 + 38
48 + 39	59 + 15	39 + 53	77 + 17	36 + 56
49 + 34	24 + 59	55 + 16	38 + 36	74 + 17
28 + 54	38 + 44	46 + 26	36 + 37	15 + 77

54 55 61 62 71 72 73 73 73 74 74 74 81 82 82 82 83 83 86 87 91 91 91 92 92 92 94 95 96 97

4 Vergleiche. Schreibe < oder > oder =.

a) 26 + 28 ◯ 60   b) 16 + 16 ◯ 40   c) 36 + 42 ◯ 75   d) 45 + 37 ◯ 83
27 + 29 ◯ 60   17 + 18 ◯ 40   37 + 40 ◯ 75   48 + 37 ◯ 83
28 + 30 ◯ 60   18 + 20 ◯ 40   38 + 38 ◯ 75   46 + 37 ◯ 83
29 + 31 ◯ 60   19 + 22 ◯ 40   39 + 36 ◯ 75   47 + 37 ◯ 83

5 Kombiniere: Von jeder Farbe eine Karte. Finde jeweils verschiedene Möglichkeiten.

a)
21	23
27	30
28	22

___ + ___ < 50
___ + ___ = 50
___ + ___ > 50

b)
15	13	20
24	16	18
17	15	10

___ + ___ + ___ < 50
___ + ___ + ___ = 50
___ + ___ + ___ > 50

W

6 Jede Rechentafel enthält vier Fehler. Überprüfe. Rechne richtig.

a)
·	2	4	8
5	10	20	50
6	12	30	48
7	21	28	66

a) 5 · 8 = 40

b)
·	3	6	9
4	12	20	36
8	20	48	70
5	15	18	45

c)
·	5	6	7
3	15	18	28
5	25	40	35
7	25	42	77

1 Verschiedene Lösungswege vergleichen und begründen.
2 und **3** Aufgaben auf eigenen Wegen lösen.

1

A Brief

B Fußgänger

C Dartscheibe

D Drachen

E Uhr

a) Lege eine Tabelle an.

a)							
Quadrat		Rechteck		Dreieck		Kreis	
			A				

b) Welche Formen entdeckst du auf deinem Schulweg oder zu Hause? Ergänze die Tabelle.

F Heft

G Gefahrenstelle

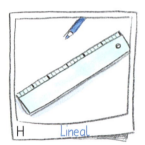
H Lineal

I CD

J Vorfahrtstraße

2 Beschreibe die Freihandzeichnungen. Welche Formen siehst du?

Anna

Anna-Lena N.

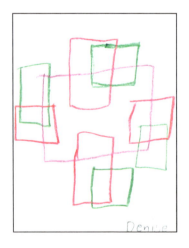
Denise

Moritz

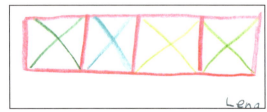
Lena

3 Probiere selbst schöne Freihandzeichnungen.

1 Begriffe klären: Das Quadrat ist ein besonderes Rechteck.
3 Blankopapier nutzen.

1

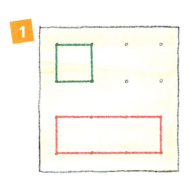 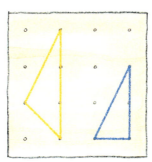

Spannt verschiedene Formen und Figuren.

Lasst sie von euren Partnern nachspannen.

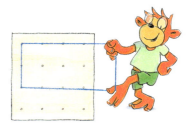

2 Spannt und zeichnet **Vierecke.** Sie sollen sich nicht berühren.

a) 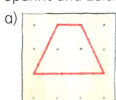 b) 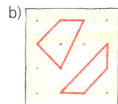 c) 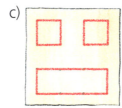 d) 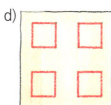 e)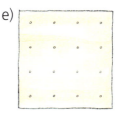

3 Spannt und zeichnet möglichst viele **Dreiecke.** Sie sollen sich nicht berühren.

a) 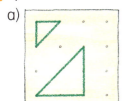 b) 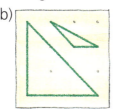 c) 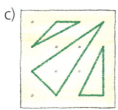 d) 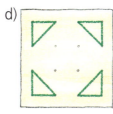 e)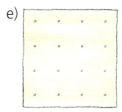

A1, A2

4 Jeder Nagel hat einen Namen. Schreibt die Eckpunkte der Formen auf.

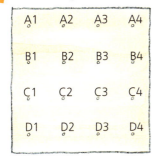

a)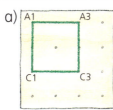

a) A1, A3, C3, C1

b)  c)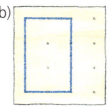

d) 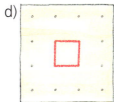 e) 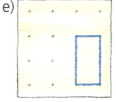 f) 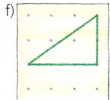 g)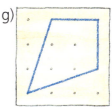

5 Welche Form entsteht? Zeichnet.
Spannt um die Nägel:

a) A1, A4, D4, D1

b) B2, B4, D4, D2

c) D1, A4, D4

d) A3, B4, D2, C1

a)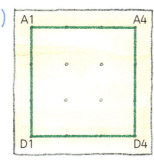

ein Quadrat

e) B1, C4, D2

f) A1, A4, D3, D2

g) D1, C3, B3, A1

h) C1, D4, A1

i) B1, B4, C4, C1

Diktiert euch weitere Formen.

Zum Zeichnen Kopiervorlage nutzen. Freihandzeichnen.
2 und **3** e) Offene Aufgaben.

1 Beschreibt das Spiegelbild.

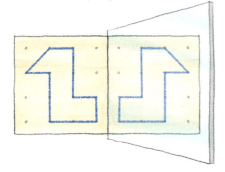

2 Spannt die Figur und das Spiegelbild. Worauf müsst ihr achten?

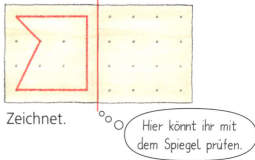

Zeichnet.

Hier könnt ihr mit dem Spiegel prüfen.

3 a) Prüft, ob es Spiegelbilder sind. b) Spannt und zeichnet richtig.

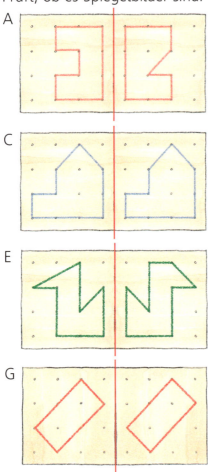

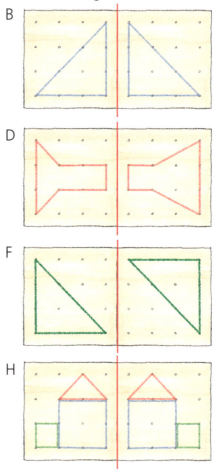

4 Prüft.
Spannt und zeichnet richtig.

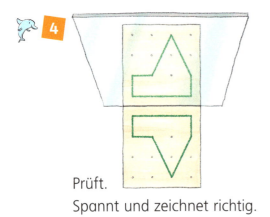

a)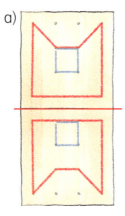

b)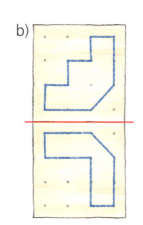

c)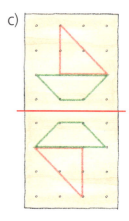

Kopiervorlage nutzen. Freihandzeichnen.
3 Zwei richtige Lösungen.

5

Das ist eine **Spiegelstraße.**
Beschreibt. Wie geht es weiter?
Spannt eigene Spiegelstraßen.

6 a)

b)

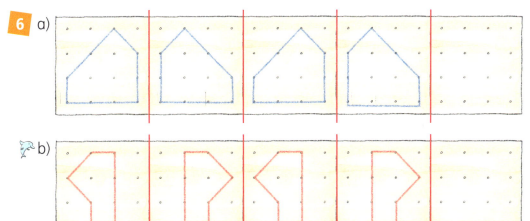

Zeichnet
und setzt
fort.

7 Findet die Fehler. Prüft mit dem Spiegel. Spannt und zeichnet richtig.

a)

b)

c)

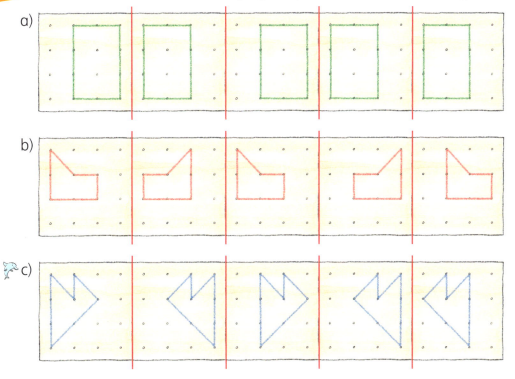

8 Zeichnet eine eigene Spiegelstraße. Lasst den Partner prüfen.

9 a)    b)  c)  d)

Kopiervorlage nutzen. **5** Auch für Gruppenarbeit geeignet.
7 a) Ein Fehler. b) und c) Je zwei Fehler.

1

$$50 - 29$$

Rechen-konferenz

Mein Weg:

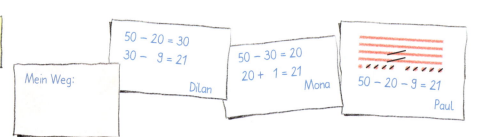

50 – 20 = 30
30 – 9 = 21
         Dilan

50 – 30 = 20
20 + 1 = 21
         Mona

50 – 20 – 9 = 21
         Paul

2 Wähle deinen Rechenweg.

a) 50 – 39   b) 70 – 27   c) 100 – 83   d) 60 – 32   e) 90 – 58

3

starke Päckchen ?

a)	b)	c)	d)
50 – 20	80 – 30	70 – 40	90 – 50
50 – 22	80 – 35	70 – 43	90 – 52
50 – 30	80 – 40	70 – 50	90 – 54
50 – 32	80 – 45	70 – 53	90 – 56
___ – ___	___ – ___	___ – ___	___ – ___

e) Welches Päckchen beschreibt Pauline?

„Die erste Zahl bleibt immer gleich.
Die zweite Zahl wird abwechselnd um 3 und um 7 größer.
Das Ergebnis wird deshalb abwechselnd um 3 und um 7 kleiner."

f) Sucht andere Päckchen aus. Beschreibt sie euch gegenseitig.

4

a)	b)	c)	d)	e)
60 + 20	20 + 16	50 + 33	70 – 25	50 – 48
60 – 20	20 – 16	50 – 33	70 + 25	50 + 48
70 + 21	30 + 17	60 + 36	30 – 27	40 – 37
70 – 21	30 – 17	60 – 36	30 + 27	40 + 37

2 3 3 4 13 17 24 36 40 45 47 49 57 77 80 83 91 95 96 98

W

5 Leila ist 20 cm größer als Paul. Emilia ist 10 cm kleiner als Paul.

I 20 cm

1 m 38 cm

Paul ist ___ m _____ cm groß.
Leila ist ___ m _____ cm groß.
Emilia ist ___ m _____ cm groß.

6

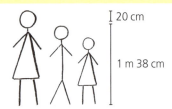
80 87 76 • 30 50 4 6 8 9

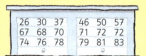

26	30	37	46	50	57
67	68	70	71	72	72
74	76	78	79	81	83

1 51 – 28

Mein Weg:

51 – 8 – 20 = 23
Laura

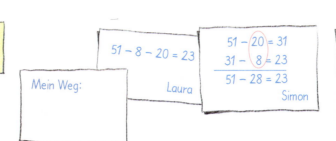

51 – 20 = 31
31 – 8 = 23
_____
51 – 28 = 23
Simon

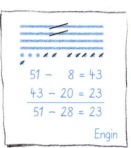

51 – 8 = 43
43 – 20 = 23
_____
51 – 28 = 23
Engin

2 Rechne auf deinem Weg. Vergleicht miteinander.

a) 61 – 16   b) 74 – 47   c) 84 – 48   d) 95 – 59   e) 83 – 38

3
a) 34 – 6
34 – 16

84 – 5
84 – 25

64 – 8
64 – 38

b) 45 – 8
45 – 28

65 – 7
65 – 57

55 – 9
55 – 19

c) 52 – 30
52 – 39

82 – 40
82 – 46

92 – 20
92 – 27

d) 63 – 20
63 – 26

43 – 20
43 – 28

53 – 30
53 – 38

e) 96 – 50
96 – 59

76 – 40
76 – 48

86 – 60
86 – 67

8 13 15 15 17 18 19 22 23 23 26 26 28 28 36 36 36 37 37 37 42 43 46 46 56 58 59 65 72 79

4

51 – 28 = 37
50 – 20 = 30
8 – 1 = 7
Tim

Tim hat gerechnet. Überprüft.
Was hat er falsch gemacht?

5
a) 62 – 28
68 – 22

b) 83 – 56
86 – 53

c) 65 – 26
66 – 25

d) 43 – 17
47 – 13

e) 73 – 19
79 – 13

f) 57 – 36
56 – 37

g) 55 – 34
54 – 35

h) 98 – 26
96 – 28

i) 78 – 35
75 – 38

j) 44 – 23
43 – 24

6 In jeder Rechentafel sind vier Fehler. Kontrolliere und rechne richtig.

a)
–	15	16	17
37	12	21	20
36	21	40	21
34	19	22	17

a) 37 – 15 = 22

b)
–	24	26	28
68	44	42	96
65	40	39	37
63	41	37	45

c)
–	31	34	37
89	58	55	42
83	52	51	46
82	83	48	55

W

7 a) 4 8 6 2 4 8    b) 3 5 1 7 9   4 8

2 Alle Ergebnisse sind Neunerzahlen.
5 Jeweils eine Aufgabe mit Zehnerüberschreitung und eine ohne Zehnerüberschreitung.

1 a)  b)  c)

2 Welche Bücher können die Klassen bestellen?

a) Die Klasse 2 a hat 50 €.

b) Die Klasse 2 b darf für 40 € aussuchen.

c) Die Klasse 2 c hat vom letzten Jahr noch 30 € und erhält weitere 45 €.

d) Die dritten Klassen dürfen für 100 € aussuchen.

3 Welche Rechengeschichte passt?

a) 50 € – 28 € = _____ €

b) 3 · 5 € = _____ €

c) 100 € : 4 = _____ €

a)

A Felix hat 28 € gespart. Sein Opa schenkt ihm 50 €.

B Das Trikot kostet 28 €, die Sportschuhe das Doppelte.

C Felix hat 50 € gespart. Er kauft ein Spiel für 28 €.

b)

A Simon hat 5 €. Er gibt davon 3 € aus.

B Die CD kostet im Angebot 5 €. Jan kauft drei.

C Lisa muss für 3 CDs insgesamt 5 € bezahlen.

c)

A Die Familie Klaus hat 100 € gewonnen. Den Gewinn teilen sich die vier Kinder.

B Jonas bezahlt mit einem 100-€-Schein. Er bekommt 4 € zurück.

C Jeder der vier Freunde hat 100 € gewonnen.

4 In jeder Rechentafel sind vier Fehler. Kontrolliere und rechne richtig.

a)

–	17	18	19
48	31	30	27
47	30	29	38
46	29	32	25

a) 4 8 – 1 9 = 2 9

b)

–	23	25	27
57	34	12	30
56	32	31	28
54	31	21	27

c)

–	35	37	38
98	62	61	60
96	61	51	50
94	59	57	55

5 a)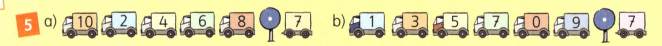

a) 10 2 4 6 8 • 7   b) 1 3 5 7 0 9 • 7

1 und **2** Fragen, rechnen und antworten.

1 Erkläre den Rechenweg.

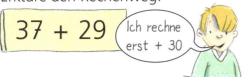

37 + 29

Ich rechne erst + 30

a) 47 + 29	b) 24 + 39	c) 86 + 19
57 + 29	35 + 39	36 + 19
27 + 29	46 + 39	56 + 19

2

a) + 19   (+ 20 − 1)   b) + 29   c) + 18   (+ 20 − 2)   d) + 48   e) + 38

a) + 19		b) + 29		c) + 18		d) + 48		e) + 38	
46		56		23		25		45	
37		38		34		16		34	
28		49		45		37		26	
19		14		56		44		57	

38 41 43 47 52 56 63 64 64 65 67 72 73 74 78 83 85 85 92 95

3 Start 1   Triffst du genau die 100? Vermute erst.

a) Immer plus 9

a) 1 + 9 = 10
10 + 9 = 19
19 + 9 =

b) Immer plus 18   d) Immer plus 29
c) Immer plus 26   e) Immer plus 46

4 Geht das auch bei Minus?

55 − 19

Ich rechne erst − 20

a) 35 − 19	b) 86 − 59	c) 32 − 19
45 − 19	96 − 59	64 − 29
56 − 19	82 − 59	86 − 39

5

a) − 19   (− 20 + 1)   b) − 29   c) − 39   d) − 18   (− 20 + 2)   e) − 28

a) − 19		b) − 29		c) − 39		d) − 18		e) − 28	
96		97		83		83		53	
95		88		65		84		65	
94		96		74		65		84	
90		85		57		66		76	

18 25 26 35 37 44 47 48 48 56 56 59 65 66 67 68 71 75 76 77

6 Start 100   Triffst du genau die Null? Vermute erst. Begründe.

a) Immer minus 11

a) 100 − 11 = 89
89 − 11 = 78
78 − 11 =

b) Immer minus 22   d) Immer minus 28
c) Immer minus 44   e) Immer minus 14

Vorteile des Rechenweges besprechen. Auch andere Lösungswege zulassen.
2 und **5** Evtl. Kopiervorlage nutzen.

In einem **Sudoku** gelten diese Regeln:

> Die Zahlen von 1 bis 4 dürfen
> immer nur einmal vorkommen:
> – in jeder Zeile
> – in jeder Spalte
> – in jedem Block

3	4	1	2
2	1	4	3
1	2	3	4
4	3	2	1

←— Block

←— Zeile

↑
Spalte

1 Löse diese Sudokus.

a)
3	4	2	1
1			
4			2
2			3

b)
4		2	1
	2	3	4

c)
3		2	4
		2	
		3	1

d)
	1		
2	3		1
		2	
		1	

e)
			4
2	4	3	
	2	4	

f)
		3	2
	4		3
2		1	

2 In diesen Sudokus benötigst du die Zahlen von **1** bis **6**.

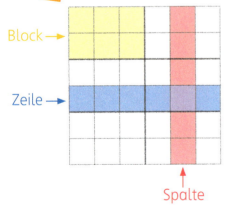

Block →

Zeile →

↑
Spalte

a)
	3	4	5	1	
2					4
	4			3	6
1	6			2	
		6			
	2	1	6		3

b)
5				4	2
	2	1	6	3	
		2	3		
		6	5		1
	1	4			
2	3				6

3 a)  b)  c)  d)

1 In der Südschule haben viele Kinder ein Tier.

Klasse	Hund	Katze	Vogel	Hamster	anderes Tier
1 a	III	IIII	IIII	II	
1 b	IIII	II			IIII
2 a		II	IIII	IIII	II
2 b	IIII I		IIII I		
3 a		IIII II		IIII I	
3 b		IIII		IIII	III
4 a					IIII
4 b	IIII I	II	IIII		IIII

a) Wie viele Hunde haben die Kinder in der 4 b?

b) In welcher Klasse haben die Kinder fünf Katzen?

c) Wie viele Vögel und Hamster haben die Kinder in der 3 a?

d) Wie viele Kinder haben ein anderes Tier?

e) Wie viele Tiere haben die Kinder der 2 b?

f) Wie viele Tiere haben die Kinder der Südschule?

g) Findet weitere Fragen. Rechnet und antwortet.

2 **Bücherbestellung – Martinschule**

	a	b	Gesamt
1. Schuljahr	24	25	
2. Schuljahr	21	23	
3. Schuljahr	26	25	
4. Schuljahr	24	22	

a) Wie viele Arbeitshefte müssen für jedes Schuljahr bestellt werden?

b) Wie viele Arbeitshefte werden insgesamt bestellt?

3 Das sind die Daten aus der Bahnhofschule.

1 a	23 Kinder
3 a	26 Kinder
2 a	25 Kinder
3 b	25 Kinder
1 b	24 Kinder
4 a	25 Kinder
2 b	26 Kinder
4 b	23 Kinder

	a	b	Gesamt
1. Schuljahr	23		
2. Schuljahr			
3. Schuljahr			
4. Schuljahr			

a) Trage in eine Tabelle ein.

b) Wie viele Kinder sind in jedem Schuljahr?

4  a) In den ersten Klassen der Astrid-Lindgren-Schule sind zusammen 100 Kinder.
Die Klassen 1 a und 1 b haben jeweils 25 Kinder.
In die Klasse 1 c gehen 24 Kinder.
Wie viele Kinder sind in der Klasse 1 d?

b) In die drei zweiten Klassen gehen 84 Kinder.
Zur Klasse 2 a gehören 26 Kinder.
In den Klassen 2 b und 2 c sind gleich viele Kinder.

Rechengeschichten erzählen. Preise in Katalogen vergleichen.
Eigene Fragen finden. Sachaufgaben lösen.

1

86 Bücher lagen auf dem Verkaufstisch.
38 Bücher wurden schon verkauft.

38
86

Erkläre die Lösungsskizze.
Rechne und antworte.

Das ist eine Lösungsskizze.

2

a) Von 100 CDs wurden gestern 35 verkauft
   und heute bereits acht.

35   8
100

b) Die Schule kauft drei CDs und vier Kassetten.

CDs: _____   Kassetten: _____

3

a) Der Trainingsanzug kostet 53 €.
   Frau Meyer gibt der Kassiererin 100 €.

53 €
100 €

b) Die Sporttasche kostet 42 €.
   Vater bezahlt mit drei 20-€-Scheinen.
   Fertige eine Lösungsskizze an.
   Rechne und antworte.

4

Welche CD-ROMs könnten sich die
Kinder kaufen?
a) Anna hat 50 Euro zum Geburtstag
   bekommen.
b) Lisa hat 80 Euro gespart.
c) Meike hat 20 Euro.
d) Imke hat einen Gutschein über 75 €.

 5 Wie viel Geld bekommen die Kunden zurück?

	CD	Buch	Spiel	Schuhe	T-Shirt	Rock
Preis	22 €	12 €	28 €	74 €	16 €	29 €
gegeben	30 €	20 €	50 €	100 €	100 €	100 €
zurück						

Verkaufssituationen mit Rechengeld nachspielen.
1 bis 4 Fragen mit Hilfe der Lösungsskizzen formulieren. Rechnen und antworten.
4 Es darf Geld übrig bleiben. 5 Kopiervorlage nutzen.

1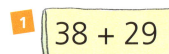

Katharina rechnet zuerst <u>40 + 30</u>.
Was muss sie dann **noch** rechnen?

| + 2 | – 2 | + 3 | – 3 | nichts |

2   19 + 57

Moritz rechnet zuerst <u>20 + 60</u>.
Was muss er dann noch rechnen?

| + 3 | – 3 | + 4 | – 4 | nichts |

3 Rechne vorteilhaft.

a) 17 + 19
e) 70 + 28

b) 58 + 38
f) 39 + 29

c) 29 + 47
g) 27 + 17

d) 37 + 50
h) 18 + 19

(Nebenrechnung: a) 20 + 20 = 40   40 – 4 =)

 W

4
a) 16 : 8
16 : 4
16 : 2

b) 8 : 2
8 : 4
8 : 8

c) 24 : 8
24 : 4
24 : 2

d) 20 : 5
20 : 10
20 : 4

e) 10 : 5
10 : 2
10 : 10

f) 30 : 5
30 : 10
30 : 30

5
a) ___ · 6 = 12
___ · 4 = 12
___ · 2 = 12

b) ___ · 9 = 18
___ · 6 = 18
___ · 3 = 18

c) ___ · 4 = 20
___ · 2 = 20
___ · 5 = 20

d) ___ · 5 = 35
___ · 7 = 35
___ · 1 = 35

e) ___ · 5 = 40
___ · 10 = 40
___ · 8 = 40

6 Welche Zahlen passen?

a) ___ · 5 < 40   (a) 0, 1, 2,)

b) ___ · 6 < 30

c) ___ · 9 < 40

d) ___ · 8 < 50

7 In jeder
Rechentafel
sind
drei Fehler.

a)

+	13	22	34
24	37	46	68
45	58	47	79
33	46	55	66

b)

–	2	5	8
54	52	48	46
62	60	57	53
71	69	67	63

c)

–	16	35	27
78	62	43	51
49	33	24	22
54	48	19	37

8

a) Nick ist 8 Jahre alt. Er ist 85 cm groß.
Vor zwei Jahren war er 23 cm kleiner.
Wie groß war er?

b) Emma ist 7 Jahre alt. Sie ist 84 cm groß.
Vor zwei Jahren war sie 21 Tage krank.
Wie groß war sie?

1 bis **3** Vorteilhaft rechnen: erst mit Zehnerzahlen, danach ausgleichen.
8 b) Kapitänsaufgabe.

1 a) _9_

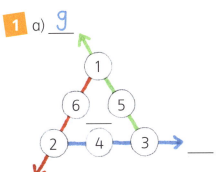

Rechne plus
in jeder Richtung.
Was fällt dir auf?

b) Findest du mit denselben Zahlen
weitere **Zauberdreiecke?**

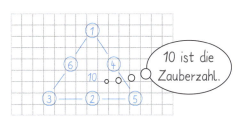

10 ist die
Zauberzahl.

2 Welche sind
Zauberdreiecke?

A
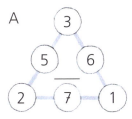

B
(4)
(3) (7)
___
(5) (2) (1)

C
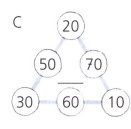

3 Ergänze zu Zauberdreiecken.

a)

( )
( ) ( )
60
(10) ( ) (20)

0
~~10~~
~~20~~
30
40
50

Hokus Pokus
Fidibus: gleich
viel auf jede
Seite muss!

b)

0
10
20
30
~~40~~
~~50~~

(50) 70
( ) ( ) (40)

c)

(15)
( ) ( )
40
( ) (16) ( )

11
12
13
14
~~15~~
~~16~~

d)

~~31~~
32
33
34
35
36

( )
( ) ( )
100
( ) ( ) (31)

e)

( )
(80) (26)
( ) ( ) ( )

24
25
~~26~~
27
28
29

f)

~~30~~
31
32
33
34
35

( )
( ) ( )
98
( ) (30) ( )

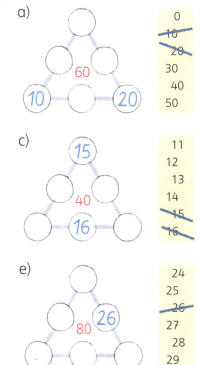

4

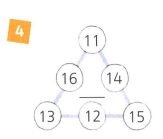

(11)
(16) (14)
___
(13) (12) (15)

Was passiert mit der Zauberzahl, wenn du
a) jede Zahl verdoppelst?
b) jede Zahl um 1 vergrößerst?
c) jede Zahl um 2 vergrößerst?
d) jede Zahl um 10 vergrößerst?

Forschungs-
auftrag

5 Erfinde eigene Zauberdreiecke.
Gib sie zum Überprüfen weiter.

Die Zahlen auf jeder Dreieckseite haben die gleiche Summe („Zauberzahl" in der Mitte).
Feststellen, wie sich die Anordnung der Zahlen im Dreieck auf die Summe auswirkt.
Kopiervorlage.

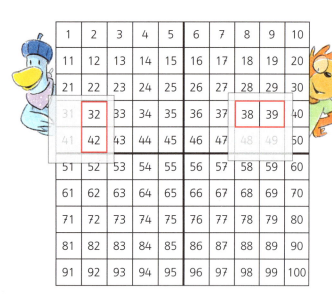

1	2	3	4	5	6	7	8	9	10
11	12	13	14	15	16	17	18	19	20
21	22	23	24	25	26	27	28	29	30
31	32	33	34	35	36	37	38	39	40
41	42	43	44	45	46	47	48	49	50
51	52	53	54	55	56	57	58	59	60
61	62	63	64	65	66	67	68	69	70
71	72	73	74	75	76	77	78	79	80
81	82	83	84	85	86	87	88	89	90
91	92	93	94	95	96	97	98	99	100

1 Zeigt an der Hundertertafel
a) die geraden Zahlen.
b) die ungeraden Zahlen.
c) die einstelligen Zahlen.

2 Zahlenpaare. Rechne plus.

a) 32 / 42   b) 30 / 40   c) 15 / 25   d) 17 / 27

e) 38 39   f) 44 45   g) 13 14   h) 26 27

27 40 44 53 70 74 77 89

3 Die Ergebnisse der Zahlenpaare verraten,
ob die beiden Zahlen **nebeneinander** ☐☐ oder **untereinander** ⊟ stehen.
Erklärt.

Forschungs- auftrag

4 Suche Zahlenpaare zu den Ergebnissen.
Überlege erst, ob die Zahlen nebeneinander oder untereinander stehen.
a) 22    a) 6 + 16 = 22   b) 60   c) 99   d) 89   e) 16   f) 56   g) 95   h) 80

5  Kann das stimmen?
a) „Alle Zahlen in der Hundertertafel sind zweistellig."
b) „Zwei Zahlen stehen nebeneinander. Zusammen ergeben sie 20."
c) „In der Hundertertafel gibt es gleich viele gerade wie ungerade Zahlen."

W

6 a)    b)    c)    d)

7 Wie groß muss das Ergebnis ungefähr sein?

ungefähr 20	ungefähr 50	ungefähr 80

a) 51 + 32   a) ungefähr 8 0   d) 64 − 42   g) 38 + 16   j) 81 − 27
b) 13 + 39   b) ungefähr   e) 78 − 29   h) 62 + 21   k) 75 − 49
c) 48 + 24   f) 97 − 20   i) 23 + 28   l) 98 − 21

8 a)  15 25 20 40 45 5   b)  15 18 30 27 21 3

---

1 bis 4 Hunderterfeld zum Ausklappen nutzen. 1 Diff.: In einer Kopie entsprechend färben.
3 Begründen, warum zwei Zahlen nebeneinander immer ein ungerades Ergebnis haben müssen
und zwei Zahlen untereinander ein gerades. 5 Eine Aussage ist richtig.

1 Die Kinder der Klasse 2a möchten vier Krüge Vitaminsaft zubereiten.

a) Stellt den Einkaufszettel zusammen.

b) Sven kauft die Apfelsinen und ein Glas Honig. Wie viel muss er bezahlen?

c) Lara kauft die Zitronen, die Birnen und die Kiwis. Wie viel kostet das zusammen?

d) Wie viel kostet alles zusammen?

Vitaminsaft

für 1 Krug

Du brauchst:
4 Apfelsinen
1 Zitrone
5 Birnen
2 Kiwis
2 Esslöffel Honig

Guten Appetit!

Zubereitung:
Presse die Apfelsinen und die Zitrone aus. Schneide die Birnen und die Kiwis in kleine Stücke. Püriere sie mit dem Mixstab. Gib den Saft zu dem Fruchtmus. Süße den Saft mit Honig.

2 Die Klasse 2b bereitet Obstsalat zu. Er soll für 24 Kinder reichen.

Obstsalat

für 4 Personen
(für eine Schüssel)

Zutaten
4 Äpfel
2 Birnen
3 Apfelsinen
1 Banane
2 Kiwis
(Erdbeeren, Weintrauben nach Belieben)

Zubereitung
Das Obst waschen, schälen, entkernen, in kleine Stücke schneiden und mit dem Saft einer halben Zitrone beträufeln. Einige Esslöffel Orangensaft zugeben. Vorsichtig mischen.

a) Stellt den Einkaufszettel zusammen.

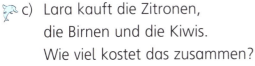

b) Die Kinder möchten auch für ihre Patenklasse Obstsalat zubereiten. In dieser Klasse sind 28 Kinder.

Fächerübergreifendes Projekt: Mengen für die eigene Klasse berechnen.
Kosten abschätzen. Einkaufen. Vitaminsaft und Obstsalat zubereiten.

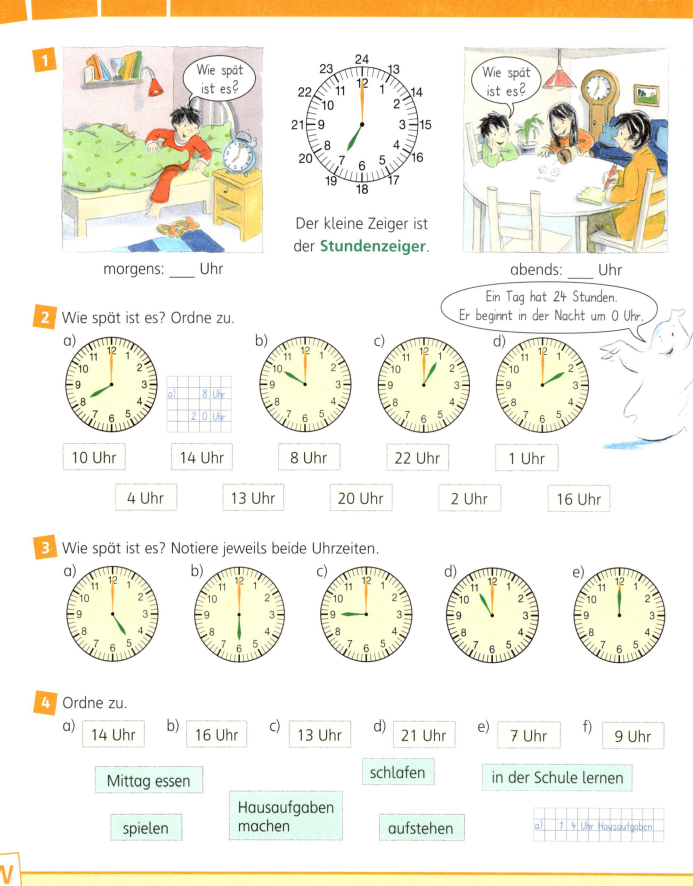

1

Wie spät ist es?

Der kleine Zeiger ist der **Stundenzeiger**.

Wie spät ist es?

morgens: ___ Uhr

abends: ___ Uhr

Ein Tag hat 24 Stunden. Er beginnt in der Nacht um 0 Uhr.

2 Wie spät ist es? Ordne zu.

a)　b)　c)　d)

a)		8 Uhr
	2	0 Uhr

10 Uhr　　14 Uhr　　8 Uhr　　22 Uhr　　1 Uhr

4 Uhr　　13 Uhr　　20 Uhr　　2 Uhr　　16 Uhr

3 Wie spät ist es? Notiere jeweils beide Uhrzeiten.

a)　b)　c)　d)　e)

4 Ordne zu.

a) 14 Uhr　b) 16 Uhr　c) 13 Uhr　d) 21 Uhr　e) 7 Uhr　f) 9 Uhr

Mittag essen　　schlafen　　in der Schule lernen

spielen　　Hausaufgaben machen　　aufstehen

a)	1	4 Uhr Hausaufgaben

W

5 a) 40 43 35 ⊕ 9 24 33　　b) 68 87 75 ⊖ 8 29 45

23 30 39 42 44 46 49 52 58 59 60 64 67 67 68 73 76 79

Eine analoge Spieluhr basteln. Kopiervorlage nutzen.
1 bis **3** Erfahren, dass jede Uhrzeit zwei Bedeutungen haben kann.
2 Zwei überzählige Karten. **4** Tätigkeiten passenden Uhrzeiten zuordnen.

1 Stunde hat 60 Minuten.
1 h = 60 min

1 Der große Zeiger ist der **Minutenzeiger**. Wie spät ist es genau?

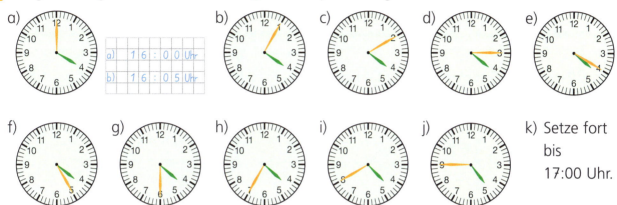

a) | 1 6 : 0 0 |Uhr
b) | 1 6 : 0 5 |Uhr

k) Setze fort
bis
17:00 Uhr.

2 Wie spät ist es?

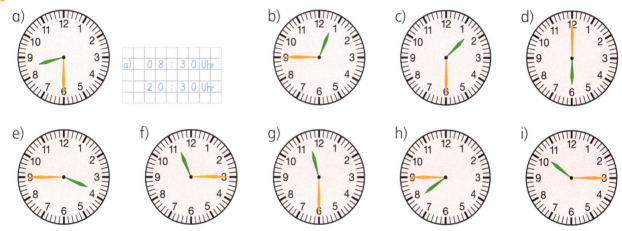

a) | 0 8 : 3 0 |Uhr
| 2 0 : 3 0 |Uhr

3 Wie spät ist es? Stelle die Zeiger auf deiner Spieluhr.

a) `08:15` b) `05:15` c) `10:45` d) `12:30` e) `13:45`
f) `16:30` g) `18:00` h) `20:45` i) `21:30` j) `00:15`

k)  Nennt euch gegenseitig Uhrzeiten.
Stellt sie auf eurer Spieluhr ein.

 4 Der Stundenzeiger fehlt. Wie spät könnte es sein?

1 Fünfminutentakt besprechen. 3 Spieluhr einsetzen. 4 24 Möglichkeiten.

1 Stelle deine Spieluhr. Lass die Zeiger wandern.

30 Minuten

15 Minuten

Es war 08:00 Uhr.   Jetzt ist es 08:30 Uhr.

Es war _____ Uhr.   Jetzt ist es _____ Uhr.

Eine halbe Stunde hat ___ Minuten.

Eine Viertelstunde hat ___ Minuten.

2 Probiert aus:

Eine Minute sich gegenseitig ansehen ohne zu lachen.

Eine Minute ganz still sitzen.

Eine Minute auf einem Bein stehen.

3 Wie viel schaffst du?

a) Eine Minute zählen.

b) Eine Viertelstunde laufen.

c) Fünf Minuten Zahlen schreiben.

d) Eine halbe Stunde leise lesen.

4 Wie viel Minuten sind vergangen?

a)

10:00 Uhr   —15 min→   _____ Uhr   —min→   _____ Uhr   —min→   _____ Uhr

b)

_____ Uhr   —min→   _____ Uhr   —min→   _____ Uhr   —min→   _____ Uhr

5

KINDER TV

17:20	Emma und Nick
17:45	Wetter
18:00	Ratequiz
18:30	Papa ist der Beste
18:50	Der Sandmann
19:00	

a) Wie lange dauern die Sendungen, die du sehen möchtest?
b) Wie lange dauert das Ratequiz?
c) Wie lange dauert die Sendung „Wetter"?
d) Welche Sendung dauert 20 Minuten?
e) Welche Sendung ist die kürzeste?
f) Welche Sendung ist die längste?

5 Aufbau der Kinder-TV-Seite besprechen.

08:00 Uhr

1 Pfeil entspricht 5 Minuten.

Sachunterricht — 1. Stunde

Pause   _____ Uhr
_____ Uhr

Mathe — 2. Stunde

_____ Uhr

Pause

_____ Uhr

Musik — 3. Stunde

_____ Uhr
Pause   _____ Uhr

Deutsch — 4. Stunde

_____ Uhr

Pause

11:45 Uhr

Sport — 5. Stunde

1 bis 4 Fünfminutengliederung des Stunden- und Pausenrasters erkennen.
5 und 6 Passende Frage, Rechnung und Antwort im Heft notieren.
7 Auf die eigene Situation übertragen.

Pausenzeiten der Bachschule

1

Dreiviertel-stunde.

$9 \cdot 5 \text{ min} = \_\_\_ \text{ min}$
Eine Schulstunde hat ___ min.

2
a) Wann endet die erste Stunde?
b) Wann beginnt die zweite Stunde?
c) Wann endet die große Pause?

3
a) Wie lange dauert die große Pause in dieser Schule?
$\_\_\_ \cdot 5 \text{ min} = \_\_\_ \text{ min}$
b) Wie viele Minuten Pause sind es insgesamt an einem Tag?
$\_\_\_ \cdot 5 \text{ min} = \_\_\_ \text{ min}$

4
a) Wann endet die dritte Stunde?
b) Wann endet die vierte Stunde?
c) Wann endet die fünfte Stunde?

5
a) Anna hat am Montag um 12:30 Uhr Schulschluss. Sie braucht für den Heimweg 20 Minuten.
b) Wie lange brauchst du für deinen Heimweg?

6
Der Schulbus fährt morgens um 07:15 Uhr los. Die Kinder sind um 07:45 Uhr in der Schule.

7
a) Wann beginnt in deiner Schule die 1. Stunde?
b) Wie viele Stunden und Minuten bist du in der Schule, wenn du 6 Stunden hast?

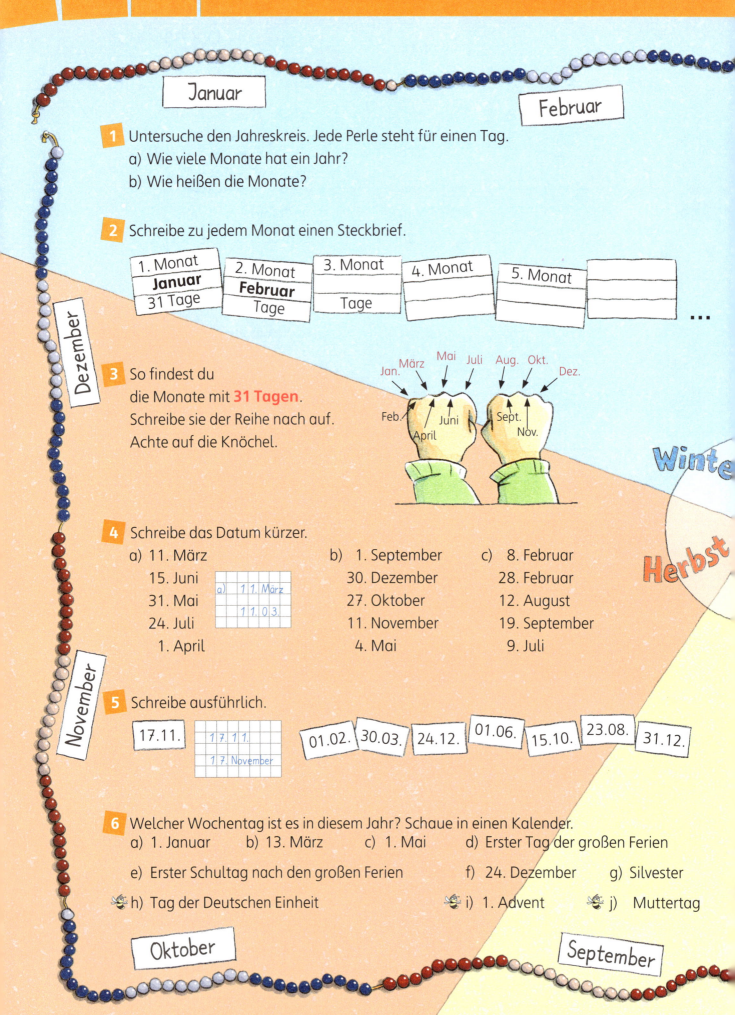

Januar

Februar

1 Untersuche den Jahreskreis. Jede Perle steht für einen Tag.
  a) Wie viele Monate hat ein Jahr?
  b) Wie heißen die Monate?

2 Schreibe zu jedem Monat einen Steckbrief.

| 1. Monat **Januar** 31 Tage | 2. Monat **Februar** ___ Tage | 3. Monat ___ ___ Tage | 4. Monat ___ ___ | 5. Monat ___ ___ | ___ ___ |

...

3 So findest du
die Monate mit **31 Tagen**.
Schreibe sie der Reihe nach auf.
Achte auf die Knöchel.

Jan. März Mai Juli Aug. Okt. Dez.
Feb. April Juni Sept. Nov.

4 Schreibe das Datum kürzer.
  a) 11. März
     15. Juni
     31. Mai
     24. Juli
     1. April

  | a) | 11. März |
  | | 11. 03. |

  b) 1. September
     30. Dezember
     27. Oktober
     11. November
      4. Mai

  c) 8. Februar
     28. Februar
     12. August
     19. September
      9. Juli

Dezember

November

Winter

Herbst

5 Schreibe ausführlich.

17.11.

| 17. 11. |
| 17. November |

01.02. 30.03. 24.12. 01.06. 15.10. 23.08. 31.12.

6 Welcher Wochentag ist es in diesem Jahr? Schaue in einen Kalender.
  a) 1. Januar   b) 13. März   c) 1. Mai   d) Erster Tag der großen Ferien

  e) Erster Schultag nach den großen Ferien   f) 24. Dezember   g) Silvester

  h) Tag der Deutschen Einheit   i) 1. Advent   j) Muttertag

Oktober

September

März

April

Mai

7 An welchem Wochentag haben die Kinder
in diesem Jahr Geburtstag?

Tilo
Marie
Soner
Lara
Sven

3. Jan.　　6. Mai　　15. April　　30. März　　25. Nov.

8 Schreibt eine Geburtstagsliste für eure Klasse.
  a) In welchem Monat haben die meisten Kinder Geburtstag?
  b) Wer ist am jüngsten in eurer Klasse?
  c) Wer ist am ältesten?

Frühling

Sommer

9 Tierkreiszeichen

Steinbock 22.12. – 20.01.	Wassermann 21.01. – 18.02.	Fische 19.02. – 20.03.
Widder 21.03. – 20.04.	Stier 21.04. – 20.05.	Zwillinge 21.05. – 21.06.
Krebs 22.06. – 22.07.	Löwe 23.07. – 23.08.	Jungfrau 24.08. – 23.09.
Waage 24.09. – 23.10.	Skorpion 24.10. – 22.11.	Schütze 23.11. – 21.12.

Juni

  a) In welchem Tierkreiszeichen bist du geboren?
  b) Welche Tierkreiszeichen haben die Kinder deiner Klasse?

10 a) Wie viele Wochen hat das Jahr?
  b) Wie viele Wochen und Tage dauern die Sommerferien?
  c) Gibt es mehr Schultage oder mehr schulfreie Tage im Jahr?

August

Juli

6 und 7 Für diese Aufgabe benötigt jedes Kind einen aktuellen Kalender.

Erdbeer Schoko Vanille Zitrone

1 Annas Lieblingssorten sind Erdbeer, Schoko und Vanille. Sie möchte zwei Kugeln bestellen.
a) Welche Möglichkeiten hat sie?

b) Wie viele Möglichkeiten gibt es mit gleichen Eissorten?
c) Wie viele Möglichkeiten gibt es mit verschiedenen Eissorten?

2 Sven mag alle vier Sorten gerne. Sein Geld reicht aber nur für zwei Kugeln.

a) Wie viele Möglichkeiten gibt es mit gleichen Eissorten?
b) Wie viele Möglichkeiten gibt es mit verschiedenen Eissorten?
c) Was könnte er bestellen? Suche alle Möglichkeiten.

3 Pia wählt aus den Sorten Erdbeer, Schoko und Vanille. Sie kauft drei Kugeln.

a) Überlege, welche Möglichkeiten es gibt.
b) Welche Möglichkeiten hat Pia,
   wenn sie vier Kugeln kaufen möchte?
c) Welche Möglichkeiten hat sie bei
   fünf Kugeln?
d) Welche Möglichkeiten hat sie bei
   sechs Kugeln?

Kombinationen ins Heft zeichnen oder aufschreiben. Systematisch vorgehen.

1 Lia, Ari und Ole können sich nicht entscheiden, neben wem sie sitzen wollen.

Lia   Ari   Ole

a) Welche Möglichkeiten gibt es?

b) Lia sitzt neben Ari.
   Welche Möglichkeiten gibt es?

a) | L | A | O |
   | L | | O |

2 Ina, Ben, Enno und Rika setzen sich auf **vier** Stühle.
Welche Möglichkeiten gibt es?

3 **Drei** Stühle sind frei. Ben und Fiete setzen sich.
Welche Möglichkeiten gibt es?

| B | F | – |

4 Wer ist wer?

zum Knobeln

Ben sitzt neben Ina.
Enno sitzt zwischen Lisa und Ina.
Ben ist acht Jahre alt.
Rika sitzt neben Lisa,
aber nicht neben Enno.
Rika hat die Nummer 5.

W

5 Setze die Zahlenfolgen fort. Schreibe jeweils die Regel auf.

a) 80, 72, 64, …

a) | 8 0, | 7 2, | 6 4, | 5 6, |
   Regel: immer – 8

b) 50, 45, 40, …   c) 60, 54, 48, …

d) 6, 9, 12, …   e) 14, 21, 28, …   f) 18, 27, 36, …

g) 24, 36, 48, …   h) 30, 45, 60, …   i) 20, 33, 46, …   j) 10, 27, 44, …

6 Schreibe Zahlenfolgen zu den Regeln. Starte immer bei 0.

a) immer + 6   b) immer + 8   c) immer + 4   d) immer + 5

1   Wie viele Steckwürfel sind es?

a)
b)
c)
d)
e)
f)

a)   3 · 2 =
b)   3

Rechne selbst das Muster weiter!

2   a) 2   5   6 ○ 2   5   8   4   b) 5   6   4 ○ 3   6   9   7

3   a) 24   16   8 ○ 8   4   2   b) 12   24   6 ○ 3   6   1

4

a)
80 – 30
70 – 25
60 – 20
___

b)
60 – 42
60 – 35
60 – 28
___

c)
10 – 6
30 – 8
50 – 10
___

d)
30 – 12
40 – 15
50 – 18
___

e)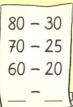
100 – 48
85 – 40
70 – 32
___

5   Kombiniere: Von jeder Farbe eine Karte.
Immer das gleiche Ergebnis.

zum Knobeln

a)
24	5	20
33	6	10	**60**
45	7	30

b)
52	13	40
27	19	60	**100**
31	8	50

c)
28	27	13
46	23	5	**75**
39	24	20

6   Luis kauft zwei Bücher. Jedes Buch kostet 8 €.
Er bezahlt mit einem 20-€-Schein.

7   Zeichne Strecken.
a) 5 cm   b) 4 cm   c) 9 cm   d) 12 cm   e) 11 cm   f) 13 cm   g) 17 cm

8   Welche Körperformen sind zu sehen?

Würfel
Kugeln
Quader